KB065891

"누구보다 당당한 인생을 꿈꾸는 당신에게
힘찬 박수를 보냅니다."

_____드림

결혼보다 월세

성선화 기자의 똑똑한 재테크 실전 성공기

결혼보다 월세

성선화 지음

다산 3.0

대한민국 30대 싱글 여성들은 가난하다!

대한민국 30대 싱글 여성들은 가난하다. 남들은 화려한 싱글이다 골드미스다 비행기를 태우지만, 이건 주머니 사정을 몰라서 하는 얘기다. 사실 우리는 결혼, 출산, 노후를 포기할 정도로 빈곤하다.

그렇다면 과연 우리는 얼마나 가난한 걸까? 80만 명의 재테크족이 모인 생활 재테크 커뮤니티 '짠돌이카페'에서 30대 싱글들을 대상으로 설문 조사를 진행했다. 30대 약 500명에게 연봉, 순금융자산, 보유 부동산 평가액, 월 저축액 등을 물었다. 정확성을 높이기 위해 2주 동안 자발적으로 실시했다.

설문 조사의 결과는 생각보다 심각했다. 전체 조사 대상 10명 중 7명의 월 실수령액이 300만 원 미만이었다. 특히 여성 응답자의 절반은 실수령액이 300만 원을 넘지 않았으며, 그중에서도 22퍼센트(75명)는 200만 원이 채 되지 않았다. 이는 10년 전과 비슷한 급여 수준이다. 2000년대 초반, 30대 중소기업 직장인의 월급이 200만 원 정도였다. 그동안 집값은 천정부지로 치솟고 식비, 통신비 등 각종 물가는 껑충 뛰었는데, 우리들의 월급만 제자리인 셈이다.

가난한 30대 싱글의 인생. 돌파구는 없는 걸까? 이대로 포기하고 주저앉아야 하는 걸까? 해결책에 앞서 대한민국 30대 싱글들의 현주소를 구체적으로 짚어보자.

① 30대 싱글, 얼마를 벌고 있나

원천 징수되는 세금을 제외한 '월 실수령액'을 물었다. 200만 원대(201만~300만 원)라는 응답자가 53퍼센트(269명)에 달해 절반이상이었다. 200만 원 미만을 받는다는 응답도 18퍼센트(92명)로 꽤 많았다. 특히 남녀 비율 면에서 여성의 비율이 남성보다 압도적으로 높았다. 그만큼 남성보다 여성의 저임금화가 심하다는 뜻이다.

300만 원 이상을 받는다는 응답에서는 여성의 숫자가 다소 많았지만, 이는 설문에 참여한 여성이 세 배 가까이 더 많았기 때문이다. 600만 원을 넘게 받는다는 여성과 남성의 수도 각각

9명이었지만, 성비 전체 비율로 보면 남성은 5.6퍼센트, 여성은 2.6퍼센트로 남성이 여성보다 두 배 이상 높다.

30대 싱글 남녀의 월 실수령액

구분	200만 원 미만	201만~300만 원	301만~400만 원	401만~500만 원	501만~600만 원	600만 원 이상
전체 (499명)	92명	269명	96명	19명	5명	18명
여성 (341명)	75명	189명	54명	11명	3명	9명
남성 (158명)	17명	80명	42명	8명	2명	9명

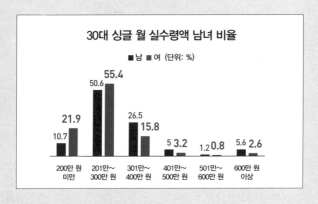

30대 싱글 월 실수령액 남녀 비율

■남 ■여 (단위: %)

구간	남	여
200만 원 미만	10.7	21.9
201만~300만 원	50.6	55.4
301만~400만 원	26.5	15.8
401만~500만 원	5	3.2
501만~600만 원	1.2	0.8
600만 원 이상	5.6	2.6

② 30대 싱글, 순금융자산은 얼마나 모았나

부동산 등을 제외한 순수한 금융자산이 얼마인지를 물었다. 이에 2억 원 이상이라고 답한 응답자는 전체 3.6퍼센트인 16명에 불과했다. 전체 응답 인원의 10퍼센트도 안 되는 수치다.

여기서도 남녀의 차이는 컸다. 남성이 여성보다 두 배 이상 많았다. 남성은 응답자 가운데 약 6퍼센트인 9명인 반면, 여성은 2퍼센트 정도인 7명에 불과했다. 그다음으로 1억 원대 순자산 보유자는 15퍼센트(59명) 정도였다. 5,000만 원 미만이란 응답자가 전체의 63퍼센트(304명)로 가장 많았고, 5,000만 원~1억 원 미만이 전체의 21퍼센트(104명)에 달했다. 순금융자산 5,000만 원 미만 역시 여성의 비중이 높았다. 여성 응답자는 64.2퍼센트였고, 남성 응답자는 60.2퍼센트였다.

30대 싱글 남녀의 순금융자산 규모

구분	5,000만 원 미만	5,000만~ 1억 원 미만	1억~1억 5,000만 원 미만	1억 5,000만~ 2억 원 미만	2억 원 이상
전체 (483명)	304명	104명	34명	25명	16명
여성 (327명)	210명	74명	21명	15명	7명
남성 (156명)	94명	30명	13명	10명	9명

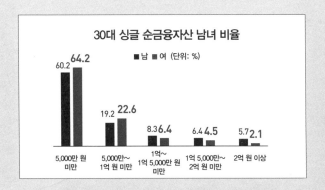

7

'짠돌이카페'의 회원 대부분이 이미 본격적으로 재테크를 시작한 사람이라는 사실을 감안해보면 처음 5,000만 원 이상의 순금융자산을 모으기가 얼마나 힘든지 알 수 있다. 재테크 좀 한다는 사람들도 이 정도인데, 아직 재테크의 '재' 자도 모르는 사람들은 도대체 얼마나 가난하단 말인가. 정말 암울한 현실이다.

③ 30대 싱글, 보유 부동산 평가액은 얼마나 되나

'내 집 한 채만 있으면 소원이 없겠다.'

대부분 서민들은 평생 '내 집 마련'이 소원이다.

30대 싱글들에게 보유한 부동산의 평가액을 물었다. 응답자의 절반 이상이 1억 원 미만이라고 답했다. 서울 지역 방 두 개 빌라의 평균 가격이 1억 원 내외다. 대부분이 번듯한 아파트는 언감생심이고, 전용 33제곱미터(10평)짜리 빌라 신세라는 의미다.

다만 재테크 측면에서 남성보다는 여성들의 부동산 선호 현

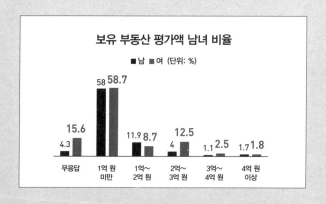

상이 뚜렷이 나타났다. 평가 보유 부동산이 2억~3억 원이라는 응답자 비중은 여성(12.5퍼센트)이 남성(4퍼센트)보다 세 배 가까이 많았다.

④ 30대 싱글, 얼마나 저축하나

30대 싱글들은 대부분 월급의 절반도 저축하기 버거워했다. 2명 중 1명(56퍼센트, 282명)은 월급 대비 저축액 비율이 50퍼센트 미만이라고 답했다. 저축액이 월급의 40퍼센트 미만이라는 응답자는 전체의 32퍼센트(163명)나 됐다. 사실상 응답자의 10명 중 3명은 거의 저축을 하지 못한다고 봐야 한다.

실제 월 납입 저축액을 살펴보면, 전체 21퍼센트(104명)가 한 달에 50만 원도 못 모으고 있었다. 남녀를 구분하면, 여성 응답자의 23퍼센트(81명), 남성 응답자의 14퍼센트(23명)가 이에 해당되었다. 여성들의 월 수령액이 적은 만큼 '월 50만 원' 저축도 어려운 이들이 남성에 비해 많은 셈이다.

30대 싱글 남녀의 월 납입 저축액

구분	50만 원 미만	50만~ 80만 원 미만	80만~ 100만 원 미만	100만~ 150만 원 미만	150만~ 200만 원 미만	200만 원 이상
전체 (495명)	104명	84명	68명	107명	75명	57명
여성 (338명)	81명	63명	48명	76명	44명	26명
남성 (157명)	23명	21명	20명	31명	31명	31명

반면, 응답자의 10명 중 1명은 한 달에 200만 원 이상을 저축한다고 했다. 전체 11.5퍼센트, 57명에 달했다. 무엇보다도 절약 재테크를 중시하는 짠돌이카페의 특성이 조사에 반영된 것으로 풀이된다.

⑤ 30대 싱글, 얼마를 쓰고 있나

30대 싱글들의 한 달 생활비는 대부분 100만 원 미만으로 나타났다. 월 100만 원 미만의 생활비를 쓴다는 응답이 무려 전체의 83퍼센트(416명)에 달했다. 50만 원 미만을 사용한다는 응답도 45퍼센트(224명)나 되었다. 한 달 생활비 50만 원 미만의 남녀 비중은 각각 45퍼센트로 비슷하게 나타났다. 한 달 생활비로 200만 원 이상을 지출한다는 응답자는 전체의 4퍼센트(21명)에 불과했다. 그만큼 적게 벌고 적게 쓴다는 얘기다.

하지만 소비 성향은 확실히 소비 지출액이 큰 여성이 남성보

30대 싱글 남녀의 월 생활비 지출액

구분	50만 원 미만	50만~100만 원 미만	100만~200만 원 미만	200만 원 이상
전체 (496명)	224명	192명	59명	21명
여성 (339명)	152명	136명	35명	16명
남성 (157명)	72명	56명	24명	5명

다 많았다. 월 200만 원 이상 지출의 비중은 여성 응답자가 약 5퍼센트(16명)로 남성(약 3퍼센트, 5명)보다 높았다.

⑥ 30대 싱글, 연금저축은 얼마나 넣나

10명 중 7명이 월 30만 원 미만의 연금저축액을 넣고 있는 것으로 나타났다. 액수가 높아질수록 그 비율은 적어져서 80만 원 이상을 연금저축액으로 넣는 사람은 고작 13명에 불과했다.

구체적으로 따져보면 남성들보다는 여성 고소득자, 즉 골드미스들의 연금저축액이 상대적으로 높았다. 순금융자산 2억 원 이상을 가진 여성의 절반은 월 납입 연금저축액이 50만 원 이상이었다. 30만 원 미만의 연금저축액을 납입하는 골드미스는 극소수에 불과했다.

반면 골드미스터들의 연금저축 납입액은 상대적으로 적었다. 절반 이상이 30만 원 미만의 연금저축액을 낸다고 말했다. 특히 월 80만 원 이상의 연금저축액을 낸다는 이는 단 한 명도 없었다.

이게 무엇을 뜻하는 걸까? 여성은 벌수록 자신의 노후를 준비하고, 남성은 현재를 즐기는 데 충실하다는 얘기다. 하지만 그럼에도 불구하고 30만 원 미만의 연금저축액을 납부하는 여성이 많다는 건, 그만큼 여성의 소득이 적다는 뜻이다.

30대 싱글 남녀의 월 납입 연금저축액

구분	30만 원 미만	30만~ 50만 원 미만	50만~ 80만 원 미만	80만~ 100만 원 미만	100만 원 이상	무응답
전체 (501명)	347명	62명	21명	7명	6명	58명
여성 (341명)	230명	43명	16명	6명	4명	42명
남성 (160명)	117명	19명	5명	1명	2명	16명

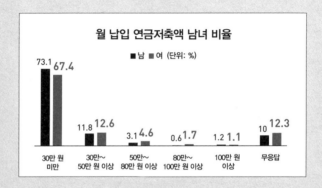

지금까지의 자료를 정리해보면 대부분의 싱글 여성은 수입은 적지만, 돈 나갈 곳은 많고, 그래서 노후를 위한 저축액은 턱없이 부족한 '악순환의 사이클'을 반복하고 있다.

이 악순환의 고리를 끊을 수 있는 방법이 있을까? 물론 있다.

주머니에서 나가는 돈을 줄이거나, 직장에서 능력을 발휘해 더 많은 돈을 버는 것!

하지만 솔직히 말해보자. 당신은 지금도 충분히 절약하는 삶을 살고 있다. 여기서 지출을 더 줄인다는 건 더 이상 스스로를 사랑하고 아낄 수 없다는 얘기다. 최소한의 품위조차 유지할 수 없다는 뜻이다.

또한 당신은 지금도 충분히 직장에서 최선을 다해 일하고 있다. 아무리 열심히 일을 해도 승진에서 밀리고, 연봉이 오르지 않는 건 유리 천장에 가로막혔기 때문이다.

그렇다면 정답은 이미 나왔다. 당신에게는 안정적인 수입을 보장해줄, 인생을 더욱 풍요롭고 화려하게 만들어줄 제2의 월급 통장이 필요하다. 혼자 살아도 당당한 여성의 뒤에는 항상 든든한 제2의 월급 통장이 있다. 이 책은 '월세'라는 제2의 월급 통장을 통해 당당하게 내 인생의 주인공으로 자리매김한 '여자 성선화'의 이야기다.

나는 말한다. 박봉에 시달리며 카드빚으로 근근이 살아가는 이 시대의 30대 싱글 여성들이여! 당신은 결코 혼자가 아니다!

2015년 가을의 문턱에서
성선화

목차

PART III 월급보다 월세가 좋다 2

PART I

남자보다
월급이 좋다

"20대 끝물,
인생의 방향을 바꾸다."

집,
파탄의 원흉이 된

:
:

문제의 발단은 바로 '집'이었다. 20대 후반에 얻은 어처구니 없는 상처는 어찌 보면 별것도 아닌(?) 집 때문에 시작된 것이었다. 어쩌다 그 지경까지 일이 꼬였는지는 정확히 기억나지 않는다. 다만 어렴풋한 기억의 조각을 맞추다 보면 늘 마지막엔 집 문제가 떠올랐다. 그렇다. 정작 결혼 날짜는 잡았는데, 들어가서 살 '신혼집'이 없었다!

나와 그는 각자 돈을 보태 서울 변두리의 아파트를 분양받기로 했다. 솔직히 어떻게 생겨먹은 아파트였는지조차 기억나지 않는다. 딱 한 번 분양 예정지 근처를 지난 적이 있는데, 근처 재래시장의 역한 비린내가 인상을 찌푸리게 했다.

아마 부동산 분양권과의 악연은 이때부터였던 것 같다. 새 아파트에 입주하려면 분양이란 걸 받아야 한다는 사실도 몰랐던 어린 시절, 그런 골치 아픈 돈에 관련된 일은 내 일이 아니라고 생각했다.

그 당시 나는 그저 하루하루가 고단하고 피곤한 햇병아리 수습 기자에 불과했다. 폭탄주에 찌든 몸뚱이는 내 의지와 상관없이 움직였고, 정신은 수면 부족으로 늘 흐리멍텅했다. 그토록 간절히 원했던 기자 생활이었지만, 현실은 녹록지 않았다. 치열한 경쟁 사회에서 나는 늘 부족한 사람이었다. 거의 매일 술을 마셨고, 숙취가 덜 깬 상태로 새벽 일찍 집을 나서는 일상이 반복됐다.

지금도 이해할 수 없는 것은 '결혼으로 가는 타이머'였다. 이렇게 넋이 나간 상황에서도 받아놓은 결혼 타이머는 재깍재깍 잘도 돌아갔다. 다른 사람도 아닌 내 결혼식인데, 정작 나는 아무것도 준비한 게 없었다. 주말에 잠깐 짬을 내어 입어보는 웨딩드레스도 귀찮게만 느껴졌다.

새 신부들이 느낀다는 설렘은 깃털만큼도 찾아볼 수 없었다. 억지로 코가 꿰어 끌려가는 송아지처럼 영 내키지가 않았다. 뭔가 찜찜했다. 하지만 정면 돌파할 용기는 없었다.

결혼식 한 달 전, 결정적으로 일이 꼬이기 시작했다. 그 남자가 내게 황당한 얘기를 전해왔다. 분양받은 아파트의 준공 공사가 지연되어 입주 일정도 한 달 이상 미뤄졌다는 것이다. 결혼을 해도 한 달 이상 살 집이 없다는 얘기였다.

어처구니없는 일이었다. 어쩌다 일이 이렇게 꼬였느냐고 따져 물었지만, 그 남자의 잘못은 아니었다. 어찌 됐든 이미 엎질러진 물이었다.

나는 '차라리 결혼식을 미루자'고 했고, 그는 '그럴 수 없다'며 맞섰다. 별것도 아닌 일에 말다툼이 잦아졌고, 하루가 멀다 하고 고성이 오갔다. 집 문제로 시작된 관계의 틈은 회복될 수 없을 정도로 벌어지기 시작했다. '이젠 정말이지 지긋지긋하다'는 생각이 머릿속에 맴돌았다.

불신의 골이 더욱 깊어진 건 그 남자의 의심 때문이었다. 그는 나를 믿지 못했다. 하루 종일 일에 치여 전화를 받지 못할 때도 수십 통씩 전화를 해댔다. 급기야 다른 사람들과 나눈 문자까지 몰래 훔쳐보기 시작했다. 하지만 올가미처럼 집요한 그의 구속도 이미 떠나버린 나의 마음을 잡을 수는 없었다. 세게 잡으면 잡을수록 더 멀리 튕겨 나가는 탱탱볼처럼 나는 끝내, 그로부터 벗어나 멀리 도망쳤다.

처음부터 그와 나는 맞지 않는 조합이었다. 우리의 관계는 늘

'쌍방'이 아닌 '일방'이었다.

'나는 그를 사랑했을까?'

아마도 남녀 사이의 뜨거운 사랑은 아니었던 것 같다. 차라리 우정이나 동료애 쪽에 더 가까웠다.

꽃다운 20대가 하릴없이 저물어가던 그 시절, 결혼은 내 인생의 보험과도 같았다. 쥐꼬리만 한 월급으로는 카드빚을 갚기도 버거웠던 햇병아리 사회 초년생에겐 '결혼'이라는 비빌 언덕이 절실했다. 자신은 없었고, 현실은 팍팍했고, 미래는 불안했다. 결혼이라는 쭉 뻗은 고속도로가 훤히 보이는데, 어쭙잖은 사랑 타령이나 하면서 궤도를 이탈할 수는 없었다.

하지만 자신의 감정에 솔직하지 못한 죗값은 혹독했다. 결혼은 의리나 동료애로 결정할 문제가 아니었다.

사랑 없는 결혼은 그에게도, 나에게도 '지옥'이었다.

결국 있는 힘껏 '결혼 열차'의 급브레이크를 밟았다. 죽을 줄 알면서도, 살기 위해 창밖으로 몸을 던졌다. 물컹한 몸뚱아리에 바퀴가 걸린 기차는 거친 쇳소리를 내며 선로를 이탈했다.

깊이 패인 상처 위로 끈적끈적한 핏물이 흥건했지만, 거짓말처럼 아프지는 않았다.

그놈,
강남에 상가를 가진

⋮

한동안 지독한 보호 본능에 시달렸다. 한번 받은 상처는 쉽게 아물지 않았다. 누군가 가까이 다가오려 하면 귀신이라도 본 듯 줄행랑을 쳤다. 굳게 닫힌 마음의 문은 쉽게 열리지 않았다. 꽤 오랫동안 병적으로 진지한 관계를 거부했다. 결혼에 '결' 자만 들어도 놀란 토끼처럼 몸을 웅크렸다. 저 멀리 나만의 안식처에 숨어서, 마음의 문을 굳게 걸어 잠갔다.

마음속 깊은 동굴은 좋은 도피처가 됐다. 사람들과 만날 때면 상처를 감추기 위해 적당한 가면을 썼고, 다시 상처 받지 않을 정도로 적당한 거리를 유지했다. 가끔 동굴 안으로 들어오려 하는 낯선 이에겐 성난 고슴도치처럼 털을 세웠다. 마음에도 없는 독한 말로 상대방을 공격했다.

나는 그렇게 온몸에 냉기가 흐르는 '차도녀(차가운 도시 여자)'로 살고 싶었다.

꽁꽁 얼어붙었던 마음에 볕이 들기 시작한 건 회사 부서가 바뀌면서부터였다. 입사 2년 만에 목 빠지게 기다렸던 부서 이동 소식이 들려왔다. 나는 사회부를 떠나 건설부동산부로 둥지를 옮겼다. 건설부동산부는 내가 전출을 희망한 곳이었다. 기획재정부도 나쁘지 않아 보였지만, 아무래도 정부 부처에 앉아 있기보다 발로 뛰는 현장이 적성에 맞을 듯했다.

발품에 대한 막연한 기대감으로 선택했던 부동산 시장은 그야말로 신세계였다. 모르는 것 투성이었고, 배워야 할 것도 천지였다. 박카스 한 병으로 공인 중개사들과 안면을 트고, 주말마다 모델 하우스를 돌아다니며 현장감을 익혔다. 밤마다 새로운 이야기가 펼쳐지는 천일 야화Arabian Nights처럼 하루하루가 흥미진진하게 흘러갔다.

돌이켜보면 그때가 참 행복한 시절이었다. 마음 맞는 선배들과 함께 일했고, 열렬한 지지와 응원을 보내는 상사 밑에서 마음껏 기사를 쓸 수 있었다. 하지만 안타깝게도 그때는 미처 알지 못했다. 마음이 통하는 동료들과 함께 일한다는 게 얼마나 행복한 일인지.

건설부동산부 막내로 한껏 귀여움을 받으면서 깊게 패었던 마음의 상처도 조금씩 아물기 시작했다.

오도독, 오도독.

독기를 품고 조여왔던 마음 문의 나사도 서서히 느슨해졌다. 누군가로부터 인정받는다는 건 상상 이상으로 즐겁고 뿌듯했다. 마치 환각제를 맞은 듯 몽롱한 기분에 빠져들며 상처를 잊어갔다.

절묘한 타이밍이었다. 낯선 이가 굳게 잠갔던 마음의 문을 두드렸다. 경계를 늦췄던 나는, 경계심을 풀고 문을 열고 말았다. 정신을 차려보니 이미 낯선 이방인은 나만의 동굴 속으로 들어와 있었다. 성취감에 빠져 무장을 해제했기에 그의 침입을 막지 못했다. 하지만 그건 분명 치명적인 실수였다.

그는 동굴 속을 흥건하게 적신 핏물의 정체를 금방 눈치챘다. 아직 아물지 않은 시뻘건 상처를 본 그는 얼굴이 새파랗게 질려 도망쳐버렸다.

"호감이 있었던 건 맞지만, 사랑했던 건 아니야."

머리에 찬물을 끼얹은 듯 정신이 번쩍 들었다. 그 순간 머리부터 발끝까지 차갑게 얼어붙는 듯했다. 아물던 상처가 덧났지만,

예전처럼 아프지는 않았다.

그래, 그랬다. 나는 세상에서 가장 쿨한 여자, 쏘쿨녀였다. 이제 다시는 상처 받지 않겠다며 작은 입술을 앙 다물었다.

그로부터 몇 개월 뒤, 신사동 가로수길에서 그의 상가를 발견했다.

'점포 정리, 80퍼센트 대박 세일!'

매장 유리창엔 '점포 정리' 광고가 붙어 있었다. 개미 새끼 하나 없이 텅 빈 매장을 보면서 프로작Prozak, 항우울증 치료제이라도 맞은 듯 강한 전율을 느꼈다.

'고것 참, 쌤통이네.'

그 매장은 그와 그의 어머니가 함께 운영하던 속옷 가게였다.

"어머니가 상가를 여러 개 운영하시거든. 다른 데는 잘되는데 가로수길 상가는 영 신통치 않아."

지나가는 말처럼 은근히 돈 자랑을 하던 그의 우윳빛 고운 얼굴이 떠올랐다. 겉으로는 장사가 안 된다며 앓는 소리를 했지만, 결국 돈 자랑이었다. 명문대 유학파 출신인 그는, 티 내지 않으면서도 '있는 척'하는 작업의 정석을 알고 있었다.

대부분 순진한 여자들은 그런 남자의 사탕발림에 녹아들고 만다. 선수의 검은 속내도 모른 채, 그가 던진 밑밥을 냉큼 물어버린다. 솔직히 고백하면 나 또한 예외는 아니었다. '강남 상가를 가졌다'는 그의 은근한 자랑 뒤에서 금빛 아우라를 보았다.

안타깝게도 그가 떠난 뒤, 그것도 몇 년이 흘러서야, 나 또한 깨닫게 됐다.

돈 자랑하는 남자 중에 제대로 된 놈은 하나도 없다.

정말 괜찮은 남자들은 돈으로 여자를 꼬시지 않는다. 그들은 자신이 가진 돈보다 있는 그대로의 내면을 좋아해주길 바란다.

여자 앞에서 뻔뻔하게 돈 자랑하는 남자일수록, 가진 건 돈 밖에 없는 '매력 없는' 남자일 확률이 높다.

경제적 무능력,
인간을 비참하게 만드는

싱글이라 외롭진 않았다. 매일 바쁘게 움직이는 일상에서 가끔 돌아오는 친구들의 생일 파티는 활력소가 됐다.

그날은 강남의 한 주점에서 대학 동창의 생일 파티가 있었다. 늦게까지 야근을 하고 밤 10시가 넘어서야 생일 파티 장소에 도착했다.

"늦어서 미안해. 일이 좀 늦게 끝났어. 근데 다른 애들은 다 어디 간 거야?"

일찍 온 친구들은 벌써 자리를 뜬 상태였고, 대신 낯선 얼굴들이 그 자리를 채우고 있었다. 늦게 도착한 친구의 생일 파티는

김빠진 맥주처럼 파장 분위기였다.

일단 주린 배부터 채워야겠다고 생각했다. 꼬르륵 소리가 옆 사람에게까지 들릴 정도였다. 먹을거리를 찾아 테이블을 두리번거리는 순간, 우리 방으로 들어오는 '아우라'와 눈이 마주쳤다. 한눈에 봐도 잘생긴 외모였다. 오똑한 콧날, 베일 것 같은 턱선, 선이 고운 얼굴이 시선을 사로잡았다. 나와 눈이 마주친 그는 성큼성큼 옆으로 다가와 앉았다.

"오늘 친구 생일인가봐?"

권하지도 않은 맥주병에 손을 대며 그가 물었다. 분명 나보다 어려 보이는데, 다짜고짜 반말부터 했다.

"응. 대학 친구 생일이야. 그러는 너는?"

나 또한 센 언니의 포스를 풍기며 짧은 말로 응수했다.

"우린 그냥 친구들끼리 놀러 왔어. 오늘 병원 오프라 스트레스나 좀 풀려고."

'병원 오프'란 말이 귀에 들어와 박혔다. 병원 오프는 전문의 자격증을 따기 전의 인턴이나 레지던트가 쉴 수 있는 유일한 날이다. 그는 마치 '나처럼 잘생긴 의사 봤니?'라고 묻는 것처럼 은근하게 자신의 신분을 드러냈다.

"어느 병원에서 레지던트 밟는데? 전공은 정했어?"

이미 '너에 대해 다 알고 있다'는 듯 눈치 빠른 나의 질문에,

그는 흐뭇한 미소를 지었다.

"사실 아직 인턴이야. 그렇지 않아도 요새 전공 정하는 것 때문에 골치가 아파."

병원이란 화제 덕분에 쉽게 대화가 이어졌다. 나는 뒷목이 젖혀질 정도로 깔깔대며 웃었고, 그는 그럴 때마다 하얀 이를 드러내며 눈웃음을 쳤다. 정말 오랜만에 아무 생각 없이 즐거운 시간을 보냈다.

하지만 그것도 잠시였다. 그의 말 한마디에 나는 차갑게 얼어붙었다.

"우리, 두 달만 계약 연애 할래?"

순간 목구멍을 타고 넘어가던 맥주를 뿜어낼 뻔했다.

"푸하하하하하!"

"……."

"야! 너, 뭐냐?"

"나, 너, 맘에 들어. 만나고는 싶은데, 사귀는 건 싫어."

"아하하하하하하! 야! 너 진짜 웃긴다."

영화에서나 봤던 '발랑 까진 양아치'가 내 앞에 나타난 것이다.

"번지수 완전 잘못 짚었거든? 엔조이는 딴 데 가서 찾아봐!"

잘생긴 외모에 번듯한 직업. 여심을 녹이는 달콤한 목소리와 말발. 완벽한 그에게 부족했던 건 '진심'이었다. 놀고는 싶지만 책임은 지고 싶지 않다? 그의 무한 이기주의에 화가 치밀어 올랐다.

"좋은 말로 할 때 꺼져! 어디서 굴러먹던 개뼈다귀 같은 게!"

그 주말, 텅 빈 기자실로 혼자 출근했다. 일요일이라고 해서 집에 처져 있기보단 기자실로 나오는 게 오히려 편했다. 할 수만 있다면 기자실에 라꾸라꾸 침대라도 사다 놓고 싶은 심정이었다.

그날따라 일이 손에 잡히지 않았다. 반반한 그의 얼굴이 계속 떠올랐다. 생양아치라고 욕은 했지만, 분이 풀리지 않았다.

'싸가지 없는 개새끼. 이 나이 먹고 별꼴을 다 당하는군. 빨리 결혼이라도 하든지 해야지. 나 원 참!'

갑자기 혼자인 내가 서글퍼졌다. 죽도록 일해도 월급에 통장 잔고는 50만 원 내외. 한 달 카드값 갚기도 힘에 부쳤다. 기자라는 꼬장꼬장한 자존심 외에는 가진 게 아무것도 없는 무일푼이었다.

무엇보다도 나를 초라하게 만드는 건 '스스로 돈 모을 자신이 없다'는 사실이었다.

정말이지 도대체 내 월급으로 부자가 된다는 건 상상도 할 수 없는 일이었다. 수백억 원대의 부자를 꿈꾼 것도 아니었다. 그냥 지금보다 매달 100만 원만 더 벌어도 소원이 없겠다고 생각했다. 내 명의로 된 집 한 채만 있어도 평생 결혼 안 하고 혼자 살 수 있을 것 같았다.

하지만 지금 받는 월급으론 번듯한 집 한 채는 어림 반 푼어치도 없는 일이었다.

방법은 두 가지였다. 돈 많은 남자와 결혼하든지, 아니면 돈 잘 버는 직업으로 바꾸든지. 이도 저도 불가능한 일이었다.

결국 쓰레기 같은 양아치가 내게 일깨워준 것은 나의 '경제적 무능력'이었다. 스스로 돈 벌 자신이 없다는 현실 앞에서 '인간 성선화'의 자존심도 말라비틀어진 껌 딱지처럼 쪼그라들었다.

명예욕,
나를 거칠게 몰아세우는

"간단히 제 소개를 하자면, 경제신문 건설부동산부 기자이며 입사 3년 차입니다. 제 꿈은 신문사 최초 여성 편집국장이 되는 거예요. 앞으로 잘 부탁드립니다."

"와~~~~!"

함성과 함께 우레 같은 박수 소리가 쏟아졌다.

"성선화를 국장으로! 성선화를 국장으로!"

신입생 환영회의 분위기가 후끈 달아올랐다. 건국대 부동산대학원의 첫 오리엔테이션 뒷풀이 자리였다. 그해 같이 입학한 대학원 동기들이 한 명씩 일어나 자기소개를 했다. 새파랗게 어린 나에게도 차례가 돌아왔다. 분위기에 취한 나는 부담스러울 정도로 솔직한 자기소개를 했다. 부동산업계에서 내로라하는 부동산 고수들이 모인 그 자리에서, 햇병아리 젊은 여기자가 편집국장이 되겠다며 당찬 야망을 드러냈다.

지금 생각해보면 그해 대학원 동기들은 마음이 참 넓었다. 초짜 기자의 뻔뻔함을 태평양처럼 넓은 마음으로 이해했다. 심지어 진심으로 응원해줬다.

'내가 만약 국장이라면······.'

그 당시 내 머릿속엔 이 생각만 가득했다. 매일 신문 1면의 기사 선정부터 제목, 각 면들의 톱기사까지 모두 내 기사인 것처럼 심각하게 고민했다. 왜 하필 그 기사여야 하는지, 왜 그런 식으로 제목을 뽑았는지, 혼자서 고민하고 또 고민했다.

그 당시 나는 진심으로 국장이 되고 싶었다. 5수 만에 언시(언론 고시)를 통과한 입사 첫날부터, 내 꿈은 변함없이 편집국장이었다.

돌이켜보면 그때는 명예욕과 오기가 복합적으로 작용했던 것 같다. 수차례의 낙방 끝에 어렵게 시작한 기자 생활인 만큼 보란 듯이 끝까지 살아남고 싶었다. 특히 부모님 '빽'으로 한 번에 턱하고 붙은 다른 기자들과는 차원이 다른 근성을 보여주겠다고 결심했다.

입사 초기, 내 관심은 오로지 특종, 특종뿐이었다. 빽 없는 기자가 국장 자리에 오를 수 있는 길은 특종뿐이라고 생각했다. 그래서 특종에 웃고, 특종에 또 웃는 한 마리의 하이에나가 돼야겠다고 결심했다.

다행히 당시 몸담았던 부동산부는 현장에서 특종이 나왔다. 어찌 됐건 현장을 돌아다니며 발품을 많이 팔면 팔수록 특종이란 보물을 캘 수 있었다. 아주 나중에 깨우친 사실이지만, 부동산 투자도 발품 그 자체였다. 부동산은 발품을 판 만큼 정직하게 결과가 나오는 그런 투자였다.

그날도 굶주린 하이에나처럼 특종을 찾아 경기도 남양주 미분양 아파트까지 흘러들었다. 지하철과 버스를 갈아타고 간신히 남양주 유령 아파트에 도착했다. 취재는 땅거미가 짙게 깔린 저녁 8시가 넘어서야 끝났다. 마치 어딘가 여행을 다녀오는 것처럼 다시 서울행 버스에 몸을 실었다. 하루 종일 긴장한 탓에 온몸의 진이 다 빠져나간 듯했다.

창밖으로 보슬비가 내렸다. 검은 창문에 비친 내 모습은 그날따라 유독 많이 지쳐 보였다. 잠시 잊고 있던 상념들이 다시 나를 괴롭혔다.

'편집국장이 되면 과연 행복할까?'

'얼마나 성공을 해야 만족할 수 있을까?'

밤 10시. 잠실역에 도착했다. 화려한 네온사인으로 가득한 서울에도 추적추적 비가 내렸다. 주린 배를 채우려 길거리에서 파는 옥수수 하나를 샀다. 우걱우걱 씹어 삼키는 알갱이 사이로 짙은 비애감이 배어났다. 특별한 이유는 없었다.

밤늦게까지 저녁밥도 못 먹고 일을 한 게 서러운 건지, 2,000원짜리 옥수수 하나로 허기를 채운 게 억울한 건지, 아니면 이렇게 늦게까지 일하는데도 '밥은 먹고 다니냐'며 챙겨주는 사람 한 명 없어서인지……. 뼛속부터 끓어오르는 이 서러움의 이유를 도대체 알 수가 없었다.

'기자는 외로운 단독자다.'

문득 기자가 되기 전 어느 책에서 읽었던 선배 기자의 조언이 떠올랐다. 그랬다. 취재 현장은 혼자 외딴섬에 떨어진 것 마냥 스산했고, 나는 외로웠다. 입사 8개월 만에 특종상을 탔던 그날도 혼자 쓸쓸히 길거리 떡볶이를 삼켰었다.

정말 열심히 사는데, 미친 듯이 뛰고 있는데. 채워지지 않는 공허함의 정체는 뭘까?

분명 외적인 이유는 아니었다. 그 당시에도 나는 충분히 화려했고, 상당히 잘나갔다. 회사에선 유능한 기자로 인정받았고, 출입처에선 두려움의 대상으로 악명을 떨쳤다. 그런데도 마음속 깊은 곳에서는 주체할 수 없는 우울감이 스멀거렸다.

참 슬프게도, 젊고 예쁜 내 인생의 화려한 황금기를 보내면서, 그 하루하루가 얼마나 소중한지 알지 못했다.

함께가 아닌, 혼자 달리는 그 길이, 그토록 외로운 것인지 그 때는 미처 알지 못했다.

타살,
생의 한가운데서

"선화, 네가 몇 년 차지?"

새로 부임한 상사는 지겨울 정도로 내게 똑같은 질문을 반복했다.

"저요? 5년 차요."

"아, 맞다. 맞다."

상사는 진심으로 매번 까먹는다는 듯 무릎을 쳤다.

'입사 몇 년 차.'

나에겐 의미 없는 그 질문이, 새로 온 상사에게는 참으로 중요했다. 벌써 건설부동산부로 둥지를 옮긴 지 1년이 넘었지만, 수

습 다음 서열이었다. 그에게 나는 못 미더운 '미생 기자'일 뿐이었다.

나를 '완생'으로 만드는 것이 자신의 책임이라 생각했던 상사의 등장은, 행복의 끝을 알리는 경종과도 같았다. '성선화'는 그대로인데, 주변 환경이 급변하기 시작했다. 손발이 척척 맞았던 선배들이 떠나고, 나만 홀로 남겨졌다. 그때부턴 장점보다 단점이 부각되기 시작했다. 송곳처럼 강한 개성은 칭찬의 대상이 아닌, 반드시 정을 맞아야 할 '못된 성품'으로 둔갑했다.

신이 나서 현장을 누볐던 나는, 병든 닭처럼 무기력해졌다. 아무리 애를 써도 보여지는 결과는 초라했다. 100톤처럼 무거운 삶의 무게에 하루하루 지쳐만 갔다. 편집국장의 꿈도, 특종 기자의 열정도, 조금씩 사그라들기 시작했다.

입사 후 처음으로 찾아온 슬럼프였다. 부서 안에서 내가 차지하는 비중도 눈에 띄게 줄었다. 예전에는 일주일에 세 번씩 톱기사를 썼지만, 이제는 2주에 한 번 쓰기도 힘들었다. 한없이 초라해진 '성선화의 성적표'가 회사 사람들의 입방아에 오르기 시작했다. 그들은 '미친 특종개' 같던 성선화가 새로 온 상사와 사이가 틀어져 일을 안 한다고 수군거렸다.

뾰족한 해결책은 없었다. 상극처럼 궁합이 맞지 않는 상사의 비위를 맞춰가며 내 사람으로 만들기엔 내공이 부족했다. 그렇다고 동료들에게 도움을 청하기엔 자존심이 허락하지 않았다. 자포자기 하는 심정으로 타 부서로의 이동만을 기다렸다.

목표가 사라지자 좀이 쑤셔왔다. 열정은 남아도는데 쏟아부을 곳이 없었다. 그때 운명처럼 만난 책이 바로 『빌딩부자들』이다. 강남 테헤란로에서 공실률 0퍼센트를 자랑하는 윤 회장님을 만난 후였다. 그와의 인터뷰를 마치고 나오는 길, 머리를 망치로 맞은 듯 번뜩 섬광이 스쳤다. 며칠 동안 그의 목소리가 귓가에 맴돌며 떠나질 않았다.

"평범한 사람도 빌딩 부자가 될 수 있습니다. 분명한 목표를 가지고 사는 사람과 그렇지 않은 사람의 2년, 5년은 큰 차이가 나지 않습니다. 하지만 10년, 20년이 지나면 엄청난 차이가 납니다."

그는 자신을 부자로 만든 건 '세월의 힘'이라고 힘주어 말했다. 실제로 화곡동에서 25평 전세로 같이 출발했던 직장 동료는 30년이 지난 지금도 여전히 그곳에 살고 있지만, 그는 강남의 빌딩주가 됐다.

'바로 이거야!'

무릎을 쳤다. 새로운 목표가 생긴 것이다. 다시 뭔가를 하겠다는 의욕이 불타올랐다.

맨땅에서 출발한 자수성가형 빌딩 부자들을 찾아 나섰다. 쉽지 않은 과정이었다. 빌딩 부자들은 자신의 존재가 드러나는 걸 달가워하지 않았고, 인터뷰 요청에도 손사래를 쳤다. 제발 한 명만 소개해달라고 부탁한 끝에 간신히 그들을 만날 수 있었다. 고구마 줄기를 캐듯, 빌딩 부자들을 만나면서 새로운 세계를 접했다. 그야말로 신세계였다. '그들이 사는 세상'은 지금까지 내가 알던 '그 세상'이 아니었다.

지금까지 나는 '월급만으론 부자가 될 수 없다' 생각했고, 부모님 도움 없이 '내 힘만으론 부를 축적할 수 없다'고 단정지었다. 하지만 그들은 '충분히 할 수 있다'는 희망을 얘기했고, 내게도 용기를 북돋아주었다.

그해 가을, 나는 '빌딩 부자들'에 미쳐 지냈다.

그런데,

이듬해 3월, 경술국치보다도 더 치욕적인 그날이 찾아왔다. 상사가 천덕꾸러기 같은 나를 불렀다. 그는 굵은 미간 주름을 찡그리며 말을 꺼냈다.

"선화야……. 너한테 할 말이 있는데……."

그날만큼은 내가 몇 년 차인지 묻지 않았다. 그러곤 잠시 뜸을 들였다.

"아무래도 네가 편집국을 떠나야 할 것 같다."

쿵! 가슴속에서 무언가 무너져 내렸다. 머릿속에서 수천 가지 어휘들이 뒤엉켰지만, 적확한 표현을 찾지 못해 얼버무렸다.

도대체 무슨 일이 일어난 건지, 무슨 일을 당한 건지, 그 상황을 해석할 힘이 당시 내겐 없었다. 무엇이, 어디서부터, 어떻게 얽히고 꼬인 건지 도무지 알 수가 없었다.

처음으로 경험하는 '조직의 쓴맛'이었다. 상상도 못한 최고의 배신이었다. 조직은, 그들은, 새파랗게 어린 후배의 등 뒤에 시퍼런 칼을 꽂았다.

공교롭게도 그날은 발로 뛰며 피땀 흘려 쓴 『빌딩부자들』이 세상에 나온 지 한 달째 되던 날이었다. 책은 날개 돋친 듯 팔려 나갔지만, 조직은 내 뒤통수를 세게 후려쳤다.

인생을 살면서, 진심으로 심각하게 자살을 생각한 것은, 그때가 처음이었다.

조직에서는 누구도 내 죽음을 애도하지 않았으며, 정확한 죽음의 이유조차 알려주지 않았다. 30대 초반 생의 한가운데에서, 죽어도 죽지 못하는 처녀 귀신처럼, '기자 성선화'는 죽음을 맞이했다.

월급보다
월세가 좋다 1

"투자의 세계에
자비란 없다."

발버둥,
지옥에서 탈출하기 위한

건설부동산부에서 쫓겨나 타 부서로 발령받던 그날, 나보다도 더 억장이 무너지는 분이 계셨다. 바로 어머니셨다. 평생을 딸자식 뒷바라지에 헌신했는데, 이제야 마음 편하게 지내나 했더니······. 이게 웬 청천벽력 같은 소리냐고 어머니는 가슴을 치며 통곡하셨다.

"선화야. 그래도 절대로 그만두지 말고 버텨라. 네가 어떻게 기자가 됐니?"

퀭해진 어머니의 두 눈에 눈물이 가득 고였다.

"어떻게 새파랗게 어린 후배한테······. 이렇게 억울한 일을 당했는데 누구 도와줄 사람이라도 있으면……. 엄마 아빠가 빽이 없어서 정말 미안하다. 선화야…….”

도와주지 못해 미안하다는 어머니의 말에, 나 또한 눈이 붉어지기 시작했다. 지금까지 남부러울 것 없이 키워주신 부모님이신데, '더 밀어주지 못해서' 미안하다고 말씀하셨다.

“됐어! 엄마! 그런 말은 하지도 마!”

“선화야…….”

“나, 지금까지 부족한 거 하나 없이, 하고 싶은 건 다 하고 살았어. 엄마 아빠가 지금까지 못해준 거 하나도 없어. 지금까지 분에 넘칠 만큼 많은 걸 받았고, 그것만으로도 이미 충분해.”

큰 소리로 고함을 질렀지만, 눈에선 굵은 폭포수가 흘러내렸다.

“나는 절대로, 내가 부모님 빽이 없어서 이런 일을 당했다고 생각하지 않아. 다 내가 잘못한 거야. 그러니까 앞으로 그런 말은 꺼내지도 마.”

울먹이며 방으로 돌아온 나는 대성통곡을 했다. 침대에 엎드려 이불을 뒤집어쓴 채, 밤새 목 놓아 엉엉 울었다.

'그래! 내가 어떻게 여기까지 왔는데, 어떻게 기자가 됐는데, 얼마나 개고생을 하면서 잡초처럼 여기까지 왔는데.'

퉁퉁 부은 거울 속 내 얼굴을 보며 나는 혼잣말을 내뱉었다.

“이대로는 억울해서 못 죽겠다.”

전출 부서로 첫 출근하던 첫날, '기자 성선화'는 죽었다. 그토록 특종 기자를 열망했던 순수한 '기자 성선화'는 한 줌의 재가 되어 사라졌다. 편집국을 떠난 나는 뇌 없는 좀비였다. 직장 생활을 하며, 하는 일에 비해 월급이 너무 많다고 느낀 건, 그때가 유일했다.

억수처럼 비가 쏟아지던 어느 날 퇴근길, 차창 너머로 검붉은 핏자국이 선명하게 보였다. 엄마, 아빠, 그리고 동생. 사랑하는 가족들의 얼굴이 차례로 떠오른 것은 참으로 다행이었다.

며칠 뒤, 제주도 밤바다를 혼자 걸었다. 가냘픈 초승달이 구름에 가려졌고, 귀신이라도 나올 듯 어두컴컴했다. 「전설의 고향」에 나오는 처녀 귀신처럼 조용히 바위 위로 올라섰다.

철썩철썩. 처얼썩. 처얼썩.

아득한 발밑으로 새하얀 거품이 부풀었다 이내 사그라졌다. 밀키스처럼 부드러운 거품 속에 내 작은 몸뚱아리도 이내 사라질 것만 같았다.

한참을 우두커니 발밑을 쳐다봤다. 얼마나 시간이 흘렀을까. 짙은 암흑을 뚫고 한 줄기 빛이 보이는 듯했다. 죽지 말라는 하늘의 계시 같았다.

그래. 이젠 내 차례였다.

'평범한 그들은 어떻게 빌딩 부자가 되었을까?'

지금까진 빌딩 부자들의 노하우를 전수받았으니, 이제부터는 스스로 직접 도전해봐야겠다고 생각했다. 그래서 세상에 당당히 말하고 싶었다.

"그들의 성공 신화는 화석이 되어버린 과거가 아니다! 지금도 충분히 가능한 현재 진행형이다!"

이런 사람들의 비아냥에 당당히 맞서고 싶었다.

"그때니까 가능했지. 지금은 절대로 불가능해."

밟아도 밟아도 죽지 않는 '잡초 근성'이 다시금 꿈틀거렸다.

휴가를 끝낸 뒤 서울로 올라와 〈월세의 여왕 100일 프로젝트〉에 돌입했다. 100일 동안 전국을 돌며 직접 부동산에 투자하는 리얼 다큐가 목표였다. 벼랑 끝에 선 나는 더 이상 물러설 곳이 없었다. 비장한 각오를 다짐했다.

'기자 성선화'가 죽어 문드러진 그곳에서, '인간 성선화'가 다시 태어났다. 죽어도 죽지 못하는 끈질긴 생명력이었다.

'월세의 여왕' 신화가 시작되려 하고 있었다.

월세의 여왕,
투자자로 거듭난

:
:

내 의도는 아니었다. 쉬고 싶다고 한 적도 없었고, 일하기 싫다고 한 적은 더더욱 없었다. 하지만 새 부서는 천국 아닌 천국 생활을 선물했다.

오전 9시까지 회사로 출근해 조간신문을 읽고, 간단한 코멘트를 남겼다. 그날의 이슈를 파악하고 우리가 발행한 신문과 비교 분석하는 짧은 리포트였다. 이 작업은 오전 11시면 대부분 끝났다. 그 뒤부터 오후 5시에 가판신문이 올 때까지 할 일이 없었다. 직장인에게 할 일이 없다는 게 이토록 고역일 줄 몰랐다. 점심을 먹은 다음 오후 내내 밥버러지처럼 시간을 죽였다.

회사 내 멸시와 눈총만 견디면, 더할 나위 없이 좋은 근무 환경이었다. 특종 스트레스도 없고, 긴장해서 취재원을 만날 필요도 없었다. 그야말로 〈월세의 여왕 100일 프로젝트〉를 위한 최상의 환경이었다.

프로젝트가 시작된 첫날 비장한 각오를 다졌다.

"2011년 6월 27일, 성선화의 100일 프로젝트가 시작된다."

프로젝트 진행 상황을 기록하기 위해 구입한 일기장에 꾹꾹 눌러 적었다.

"최선을 다했는데도, 죽을힘을 다해 매달렸는데도 하늘이 돕지 않는다면, 다 그만한 이유가 있을 거라 생각한다. 아마도 이 프로젝트를 마무리 짓는 게 지금 현재, 내게 주어진 의무이자 과제가 아닐까 한다."

"내가 내 꿈을 배반하지 않으면, 내 꿈도 나를 배반하지 않을 것이다."

〈월세의 여왕 100일 프로젝트〉는 나 자신에 대한 도전이자, 인간 개조 프로젝트였다. 100일 동안 1,000만 원을 모으기 위해 한 달 동안 30만 원으로 생활하는 극단적인 실험을 계획했다.

평범한 직장인인 내가 이 프로젝트에 성공한다면, 책을 읽는 독자들에게도 꿈과 희망을 줄 수 있을 거라 확신했다.

개인적으로 선호하던 지역인 강남부터 돌기 시작했다. 점심시간을 쪼개 2호선을 타고 선릉역으로 가서 경매로 나온 오피스텔 물건을 봤다. 선릉역 초역세권에 위치한 '롯데 골드로즈 오피스텔'이었다. 감정가는 2억 원이었고, 보증금은 1,000만 원에 월세는 90만 원 정도가 예상되었다. 쫓기는 시간 탓에 자세히 둘러보지는 못했지만, 역에서 가깝다는 점이 마음에 들었다.

프로젝트를 시작한 뒤 2주 동안은 점심, 저녁 가릴 것 없이 부동산을 돌며 발품을 팔았다. 밤 10시에도 문을 연 부동산이 있으면 들어가서 묻고 또 물었다.

희한하게도 기사를 쓰기 위해 부동산에 들어설 때와는 마음가짐이 또 달랐다. 막상 내 돈을, 그것도 수천만 원씩 투자한다고 생각하니, 도저히 쉽게 판단할 엄두가 나지 않았다. 투자 물건은 보면 볼수록 아리송했다. 직접 내 돈을 넣는 투자는 하면 할수록 어렵다는 생각이 들었다.

그랬다. 진정성의 차이였다.

자기 돈을 가지고 피 터지게 고민하는 사람과 그렇지 않은 사람은 확실히 다를 수밖에 없었다.

그 당시는 꿈에서도 투자 수익률 계산을 했다. 어떻게 하면 보다 정치하게(정교하고 치밀하게) 투자 전략을 짤까 고민했다. 닥치는 대로 물건만 볼 게 아니라, 구체적인 가이드라인을 정해야겠다고 결심했다.

첫째, 세금을 내고도 최소 월 60만 원 이상의 월세 순익이 나오게 하자!

둘째, 처음에는 내 돈 7,000만 원으로 순익 40~50만 원이 나오게 해야 한다! 그러려면 대충 1억 원 초반대의 물건을 구매하는 게 좋을 것 같다.

문제는 2~3년 뒤 다른 물건으로 갈아탈 때 가격이 올라야 한다는 점이다. 하지만 강남이나 광화문 등은 이미 가격이 올라 추가 상승은 한계가 있었다. 그렇다면 향후 가격이 반드시 오를 수밖에 없는 개발 호재가 있는 지역의 저평가 급매 물건을 잡아야 한다.

서울 강북의 변두리 지역을 돌기 시작한 건 이런 판단에서였다. 그중에서도 주로 1억 원대 초반의 매매가에 월세 70만 원 정도인 물건을 찾기 시작했다.

프로젝트 3주째 접어든 토요일. 강서구 화곡동과 은평구 연신

내동 일대를 둘러봐야겠다고 생각했다. 왠지 내가 정한 가이드라인에 부합하는 물건이 있을 것만 같았다.

이미 마음이 동했기에 투자 결정까지는 많은 시간이 필요치 않았다. 마치 무엇에 홀린 듯 계약서에 사인을 했다. 아직도 내게 그 빌라를 팔았던 '하얀 얼굴'을 기억한다. 그는 내게 빌라를 팔아서 적어도 몇 백만 원의 이익을 챙겼을 테고, 속으로 '한 건 했다!' 하고 쾌재를 불렀을 거다. 순진했던 나는 어이없게도 그렇게 첫 번째 투자를 해버렸다.

분양가 1억 4,500만 원짜리 빌라를 1억 3,500만 원에 매입했고, 그중 9,000만 원은 대출을 받기로 했다. 월세 65만 원에 투자 수익률은 12퍼센트. 첫 투자의 수익률치고 나쁜 편은 아니었지만, 첫 투자로 빌라 일반 분양을 받은 게 결과적으로 좋은 선택은 아니었다.

첫 투자, 첫 낙찰, 무엇이든 '처음'의 의미를 높이 치는 까닭은 '그다음'을 준비할 수 있게 용기를 주기 때문이다. 무엇이든 처음이 어렵지 그다음은 쉽다.

언젠가 고졸 출신 빌딩 부자인 박 사장님과 함께 강연회를 한 적이 있다. 『빌딩부자들』을 읽은 독자들의 기대감이 한껏 고조된 상황이었다. 그런데 아무런 준비도 없이 호주머니에 손을 집어넣고 나타난 박 사장님은 청중들에게 이렇게 말했다.

"일단 내일 당장 가능한 대출을 다 받으시고요. 무조건 하나 지르세요. 그러면 밤잠이 안 올 겁니다. 그때부터 하나씩 해결하면 안 되는 일이 없습니다."

빌딩 부자의 엄청난 노하우를 기대했던 청중들은 실망한 모습이 역력했다. 심지어 유료 강연회의 환불 요청을 하는 이도 있었다. 그때는 무성의했던 박 사장님이 그렇게 야속할 수 없었다. 하지만 이제는 박 사장님의 의도를 알 것 같았다.

백문白文이 불여일견不如一見이고, 백견白見이 불여일행不如一行이다.

극한의 실험,
한 달 30만 원으로 살기

:
:

〈월세의 여왕 100일 프로젝트〉가 죽을 듯이 힘들었던 가장 큰 이유는 '극한의 절약' 때문이었다. 그 당시 나는 100일 동안 전국을 도는 부동산 투자는 물론, 한 달을 30만 원으로 버티는 〈1,000만 원 종잣돈 모으기 프로젝트〉를 동시에 진행했다. 아직도 일기장에 적었던 글귀가 또렷이 떠오른다.

"나는 내일부터 간식, 음료수 등 쓸데없는 먹거리에 일체 돈을 쓰지 않을 것이며, 차를 놓고 대중교통만 이용할 것이며, 죽지 않을 만큼만 돈을 쓰며, 100일을 버틸 것이다."

〈월세의 여왕 100일 프로젝트〉와 〈1,000만 원 종잣돈 모으기 프로젝트〉를 동시에 진행한 이유는 1,000만 원을 투자를 위한 최소 자본금으로 봤기 때문이다. 그 당시 360만 원이었던 월급에서 30만 원만 쓰고 100일 동안 1,000만 원을 모으기로 했다.

하지만 당시 내게 〈1,000만 원 종잣돈 모으기 프로젝트〉는 정말 무모한 도전이었다. 그전까지는 제대로 돈을 모아본 적도, 악착같이 아껴본 적도 없는 내가 '할 수 있다'는 근거 없는 자신감에 취해 돈키호테처럼 풍차를 향해 돌진한 것이다.

맨날 택시를 타던 사람이 갑자기 대중교통을 이용한다는 것 자체가 쉽지 않았다. 택시로 10분이면 갈 수 있는 거리를 30분 이상 돌아서 가야 했고, 집으로 가는 버스를 못 찾아 한참을 헤매야 했다. 하루 종일 부동산을 돌아보느라 몸뚱이는 천근만근인데 앉을 자리마저 없을 땐, 당장 버스에서 뛰어내려 택시를 타고 싶었다. 거의 매일 밤 12시가 넘어서 집에 도착하면, 바다 건너 해외라도 다녀온 듯 삭신이 쑤셨다.

어느 날은 역에서 아무리 기다려도 지하철이 들어오질 않았다. 밤 12시 전이라 분명 막차가 끊길 시간은 아니었다. 알고 보니 주말에는 막차 시간이 평일보다 훨씬 빨랐다. 나는 그 정도로 세상 물정에 어두웠다. 결국 5분 사이로 막차를 놓치고 간신히 버스를 탄 뒤, 집에서 몇 킬로미터나 떨어진 정류장에 내려 한참을 걸었다.

가끔은 출근길에 동생의 차를 얻어 타기도 했다. 예전엔 미처 못 느꼈는데, 그렇게 편할 수가 없었다. 문득 오래전에 읽었던 『탈무드』의 이야기가 떠올랐다.

찢어지게 가난한 가족이 있었다. 그들은 가축의 우리를 따로 마련할 수 없어 한집에서 돼지, 소, 양 등과 함께 살았다. 그런데 냄새가 심하고 동물들이 시도 때도 없이 울어대는 바람에 하루하루 버티기가 여간 고역이 아니었다. 참다못한 가족들이 마을의 현자인 랍비를 찾아갔다. 이들은 가축들과 함께 사는 어려움을 랍비에게 울면서 호소했다. 이를 가만히 듣던 랍비가 말했다.

"함께 사는 가축의 수를 늘려보세요."

황당한 랍비의 처방에 가족들은 어이가 없었지만, 일단 그의 말을 따르기로 했다. 하지만 예상대로 가족들의 고통은 더 커졌다. 화가 치밀어 온 가족들이 다시 랍비를 찾아갔다.

"랍비님. 어떻게 우리한테 이러실 수 있나요? 가족들이 더 큰 불편을 겪고 있다고요."

분노한 가족들에게 랍비가 다시 말했다.

"이번엔 더했던 가축의 수만큼 줄여보세요."

어안이 벙벙해진 가족들은 그의 말대로 다시 함께 사는 가축들의 수를 줄였다. 그 순간 놀랍게도 집안에 평화가 찾아왔다.

거주 환경은 달라진 게 없었지만, 가족들이 느끼는 행복감은 훨씬 커졌다.

역시 고통은 그 상황을 느끼는 감각의 문제였던 것이다.

나 역시 그동안 얼마나 편하게 살아왔는지를 절감했다.

그나마 서울 부동산을 돌아다닐 때에는 괜찮았다. 지방에 있는 부동산을 돌아볼 때에는 경비가 만만치 않았다. 왕복 교통비만 최소 5만 원 이상 나갔고, 식비에 찜질방 비용까지 하면 10만 원은 금방 깨졌다.

대학교 졸업 이후 처음으로 아르바이트를 떠올렸다. 하지만 기자질 외에는 다른 일을 할 만한 특별한 재주가 없었다. 회사에 매여 있으니 어디 가서 시간제 노동을 할 수도 없고, 학원 강사로 뛰려 해도 마땅한 과목이 없었다.

결국 고민 끝에 백화점 특강이란 아이디어를 냈다. 그전까지 지방 특강은 멀다는 이유로 배짱을 부렸다. 하지만 이젠 찬밥 더운밥을 가릴 처지가 아니었다. 무작정 손 놓고 특강 제의가 들어오기만을 기다릴 순 없었다. 일단 백화점 문화 센터로 연락해서 특강을 하고 싶다고 말했다.

"문화 센터에서 부동산 관련 특강을 하고 싶은데, 어떻게 하면 되나요?"

"네? 특강을 듣는 게 아니라 본인이 직접 특강을 하고 싶다고요?"

문화 센터 직원들은 황당하다는 반응을 보였다. 그들은 통명스럽게 자기소개서와 경력 자료를 이메일로 보내달라 했다. 그렇게 들어온 강의는 어디든 마다하지 않고 달려갔다.

돈이 없어서 먹는 걸 포기한 것도 그때가 처음이었다. 매일 아침 두유 세 개와 물 한 통을 챙겨서 출근했다. 한 달 생활비 30만 원으로는 점심 한 끼 제대로 사 먹기도 힘들었다. 그때 처음으로 돈 없어 굶는 서러움이 무엇인지, 눈물 젖은 빵이 어떤 맛인지 온몸으로 알게 됐다.

하루 종일 부동산을 돌며 배가 너무 고팠던 어느 날, 무의식적으로 편의점에 들어갔다. 주린 배를 잡고 과자 코너를 돌아보는데 눈에 쏙 들어오는 상품이 있었다. 그런데 가격이 무려 2,000원이었다. 당시 내겐 2,000원도 아깝게만 느껴지는 돈이었다. 물끄러미 과자를 쳐다보던 나는 결국 발길을 돌리고 말았다.

그날은 정말 쓰러질 정도로 배가 고팠다. 마침 길거리 매대에서 떨이로 파는 빵이 눈에 들어왔다. 앞에 서서 한참을 바라보는 내게 아저씨가 "떨이요! 떨이!" 하고 외쳤다.

"저기요, 아저씨. 혹시 그 빵 1,000원에 주시면 안 될까요? 제가 한 달을 30만 원으로 살고 있는데, 정말 돈이 없어서요."

애절한 눈빛으로 그를 쳐다봤다. 아저씨의 눈에 동정심이 차

올랐다.

"학생, 진짜 불쌍하네. 자, 1,000원에 줄 테니 많이 먹어요."

"감사합니다. 감사합니다."

90도로 허리를 숙이는 배꼽 인사를 꾸벅했다. 1,000원에 떨이로 산 빵은 그야말로 꿀맛이었다.

허기진 배에 기분까지 서글펐던 그날. 허겁지겁 올라탄 버스에서 내 책『빌딩부자들』의 광고를 발견했다.

"월세 1억 받는 빌딩 부자를 꿈꾼다면 훔쳐서라도 이 책을 읽어라!"

순간 시간이 정지된 듯 묘한 감정에 빠져들었다.

'굳이 꼭 해야 할 필요도 없고, 그 누구도 하라고 하지 않는 이 프로젝트에 왜 이렇게 매달리는 걸까? 혹시 내가 미친 건 아닐까?'

게다가 그 당시 나는 인세로 한 달에 남들 연봉만큼의 돈을 벌고 있었다. 한 달에 몇 천만 원씩 통장에 찍히는데, 아이러니하게도 정작 나는 딸랑 30만 원으로 힘겨운 나날들을 버티고 있었다.

하지만 그때 나의 '극한 절약'은 무조건 굶는 무식한 다이어트였다. 근본적인 체질을 바꾸기 위해 꾸준히 식습관을 조절하고 운동을 한 게 아니라, 단기간에 살을 빼려 무작정 굶었다. 안타깝게도 〈월세의 여왕 100일 프로젝트〉 이후 내 소비 패턴은 다시 원래대로 돌아갔고, 2년 뒤 회사를 옮겨 재테크 팀장이 될 때까지도 고쳐지지 않았다.

무조건 굶는 무식한 다이어트는 요요를 부르게 마련인 것이다.

좋은 대출,
월세 통장을 만드는

〈월세의 여왕 100일 프로젝트〉를 시작하고 3주가 지났을 무렵, 나의 첫 투자는 벼락처럼 찾아왔다. 그렇게 쉽게 투자 결정을 내린 건 분양업자의 사탕발림 때문이었다.

"내 돈은 딱 2,500만 원만 있으면 됩니다. 모두 9,000만 원까지 대출이 가능하니까요. 그러면 수익률은 연 12퍼센트가 넘게 되죠."

"수익률이 연 12퍼센트고, 대출이 9,000만 원이나 된다고요?"

그날도 역시 지친 주말이었다. 아침에 화곡동 빌라를 돌고, 오후가 되어서야 목표로 했던 연신내에 도착했다. 여느 때처럼 점심도 거른 상태였다. 그런데 얼굴이 하얀 분양업자의 말을 듣자마자 고픈 배가 채워지는 듯했다.

6호선 구산역에서 걸어서 5분 거리에 위치한 이 빌라는 오전에 본 화곡동 빌라보다 여러모로 훨씬 나았다. 투룸인 방 구조는 물론 월세 조건도 비교가 안 될 정도로 좋았다. 화곡동 빌라는 보증금 500만 원에 월세 50만 원이었는데, 이 빌라는 보증금 2,000만 원에 월세 65만 원까지 가능하다고 했다. 무엇보다 내 돈이 적게 든다는 점이 마음에 들었다.

"네? 대출이 9,000만 원이나 된다고요?"

의심 가득한 내 질문에 하얀 얼굴은 '그렇다'며 호언장담했다.

"만약 9,000만 원을 대출받지 못하면 잔금을 치르지 않고 손해 없이 계약 파기하셔도 됩니다. 여기서 바로 각서 쓸게요."

백치처럼 순진하게 그의 말을 믿었다. 냉혹한 투자의 세계에 처음 발을 들인 나는 부동산업자들에게 좋은 먹잇감이 됐다. 그는 남아 있는 물건이 얼마 없으니 '계약금 200만 원을 먼저 걸라'고 부추겼다.

오전에 만난 화곡동 빌라 분양업자도 비슷한 말을 했었다. 아마 그날은 귀신이라도 씌인 게 분명했다. 그렇지 않고서야 그렇게 쉽게 투자 결정을 할 수는 없었다. 나는 은행 ATM에서 200만 원을 뽑아 덥석 그의 손에 쥐어주었다.

구산동 투룸 신축 빌라. 나의 첫 투자.

고백하자면 나는 분양업자의 달콤한 꾐에 홀딱 넘어갔다. 선수들이 순진해 보이는 나를 그냥 놓칠 리 없었다. 현실적으로 1억 원대 빌라에 9,000만 원 대출이 가능할 리 없었다. 경매 낙찰가의 80퍼센트까지 대출 가능한 경락잔금대출을 받아야 간신히 나올까 말까 한 액수였다. 지금 생각해보면 '하얀 얼굴'은 정말 간도 컸다. 아마 당장 계약서만 쓰면 된다는 속셈이었던 것 같다.

계약서를 쓴 뒤 대출 때문에 2주 이상을 전전긍긍했다. 운 좋게 보증금 2,000만 원에 월세 65만 원을 내겠다는 세입자가 나섰다. 하지만 대출 때문에 기껏 찾은 세입자를 내보내야 할 위기에 놓인 것이다.

우여곡절 끝에 대출 문제를 해결한 사람은 결국 나였다. 여기저기 수소문을 했지만, 대출은 쉽게 이루어지지 않았다. 평소 알고 지내던 은행 지점장님께 부탁했지만 거절당했고, 소개를 받은 시중 은행에서도 번번히 '힘들다'는 답변을 들었다. 급기야 '계약을 포기해야 하나' 생각하던 찰나에 빌라를 분양하시는 박 사장님이 떠올랐다. 박 사장님께 소개받은 지인 덕분에 간신히 해결 방법을 찾을 수 있었다.

부랴부랴 경기도 부천까지 날아가 대출을 받던 날, 나는 투자에 새 눈이 번쩍 뜨이는 느낌을 받았다. 몇 주간 마음을 졸였던 결코 쉽지 않은 작업이었지만, 1억 3,500만 원짜리 빌라를 사는 데 들어간 내 돈은 고작 2,500만 원에 불과했다. 나머지는 대출금 9,000만 원에 보증금 2,000만 원이었다. 대출을 많이 끼면 낄수록 적은 돈으로 더 많은 수익을 낼 수 있는 것이다.

결과적으로 내 돈 2,500만 원을 빌라에 투자해 1년에 300만 원의 순익을 내는 셈이다. 월세 수입 65만 원 중 40만 원을 대출 이자로 내면 매달 25만 원의 월세 순익이다. 대출 금리가 5.3퍼센트나 됐지만, 수익률은 12.3퍼센트에 달했다.

'이게 바로 레버리지 효과구나!'

빌딩 부자들이 그토록 강조했던 '대출을 통한 지렛대' 효과를 머리가 아닌 가슴으로 이해하는 순간이었다. 투자를 안 해본 사람들은 1억 원짜리 부동산을 사면, 내 돈 1억 원이 다 들어간다고 생각한다. 하지만 실제 투자를 해본 사람들의 마인드는 다르다. 10억 원짜리 물건을 사더라도, 최대 얼마까지 대출을 받을 수 있는지, 실제 들어가는 내 돈은 얼마인지를 먼저 따져본다.

당시 내가 가지고 있는 투자 예산은 1억 원. 대출을 잘만 활용하면 이 빌라와 비슷한 물건을 4개 더 구할 수 있었다. 그리고 목표액인 월세 순익 100만 원도 충분히 가능할 듯했다.

투자를 위해선 먼저 대출에 대한 오래된 고정 관념을 깨야 했다. 과연 대출은 항상 나쁜 것일까?

〈월세의 여왕 100일 프로젝트〉를 끝낸 후 내린 결론은 '그렇지 않다'는 것이다. 대출에는 두 가지 종류가 있다. 좋은 대출과 나쁜 대출이 바로 그것이다.

이 둘을 나누는 기준은 명확하다. 대출 이자를 내 돈으로 내면, 즉 '비용'이 되면 나쁜 대출이다. 하지만 대출이 새로운 수입 창출을 위한 지렛대가 되면 좋은 대출이다. 좋은 대출을 활용하면 대출 이자는 비용이 되지 않는다.

정리하자면 내가 대출 이자를 내면 '나쁜 대출', 내 돈으로 내지 않으면 '좋은 대출'이다.

수익형 부동산의 목적은 대출 이자를 낸 뒤의 월세 순익을 극대화하는 것이다. 내 돈을 최대한 적게 들이고, 월세 순익은 최대로 많이 올리는 게 관건이다.

실제로 내 주머니에서 나가는 투자금과 대출 이자를 결정하는 금리는 수익형 부동산 투자의 최대 변수다. 내 부동산 투자 수익률을 결정하는 것은 결국 매매가도, 월세도 아닌 '대출 금리'다.

'아하! 나는 지금 부동산이 아닌 금융 투자를 하고 있구나! 왜 진작 이 생각을 하지 못했을까?'

아주 작은 관점의 차이가 큰 변화를 불러왔다. 생각 하나의 차이로 나의 투자 목표가 명확해졌다. 내 투자의 목표는 월세에서 대출 이자를 뺀 순익이 매달 꾸준히 나오는 '월세 통장'을 만드는 것이다.

월세 통장!

이 월세 통장이 늘어나면 늘어날수록 월세 수입도 불어날 것이다. 로버트 기요사키가 말한 '내가 노는 시간에도 나를 대신해 일을 하는 로봇들'이 생기는 것이다.

월세 통장은 제2의 월급 통장이 될 것이다.

하지만 투자를 안 해본 일반인들에게 '대출의 마력'을 이해시키기란 정말이지 쉽지 않은 일이다.

"잠시만요. 그래서 총 대출액이 얼마인가요?"

2012년 책 『월세를 여왕』을 낸 뒤 여러 차례 같은 질문을 받았다. 당시 한창 잘나가던 모 프로그램의 진행자는 1시간짜리 토크 쇼 내내 "그러니까 대출을 받아서 그 정도 자산인거죠?"를 반복해서 물었다.

그제서야 나는 당시 내가 받았던 주택 담보 대출의 총액을 계산하기 시작했다. 총 자산이 무려 7억 원에 달했는데, 이 중 대출이 5억 7,000만 원이나 됐다. 결국 2시간 동안 식은땀을 뻘뻘 흘렸던 녹화 방송은 전파를 타지 못했다.

아마 그 진행자는 나를 '빚쟁이'로 생각했던 것 같다.

분양,
새빨간 거짓말의 최고봉

세상엔 두 종류의 사람이 있다. 사기꾼과 사기꾼이 아닌 사람. 세상에 사기꾼이 그렇게 많은지 프로젝트를 하면서 처음 알았다. 프로젝트로 인해 부동산업계 사람들에 대한 기본적인 신뢰를 잃었다는 건 참으로 슬픈 일이다.

서울 강남 중심부에서 시작된 현장 답사는 점점 변두리로 넓어지고 있었다. 프로젝트를 시작한 지 한 달쯤 지나 서울 동쪽 외진 곳까지 발품을 팔게 됐다. 점심시간 짬을 내 5호선 마장역 근처에 있는 한 분양 오피스텔을 찾았다. 신문에 난 분양 광고를 보고서였다. 내 또래로 보이는 분양업자가 반갑게 반기며 설레발을 쳤다. 아마도 그 역시 '순진한 호갱 고객 하나 물 수 있겠다'는 기대감에 부풀어 올랐던 것 같다.

"옆에 보이는 낡은 중고차 매장이 재개발될 예정입니다. 주변에 도시 재정비 사업도 진행 중이고요. 지금은 주거 환경이 좋지 않아 보이지만, 앞으로 훨씬 더 좋아질 수 있습니다. 그러니까 지금처럼 쌀 때 잡아놓으면 시세 차익까지 거둘 수 있는 거죠."

고개를 끄덕이며 한마디 한마디를 귀담아들었다. 그때까지만 해도 분양업자에 대한 편견은 없었다.

'흠. 이거 사놓으면 괜찮을 수도 있겠는데?'

심각하게 투자를 고민하기도 했다. 하지만 왠지 느낌이 개운치 않았다. 말로는 딱히 표현할 수 없었지만, 느낌이 그랬다. 왠지 께름칙한 건 안 하는 게 맞다. 프로젝트가 끝나고야 알게 됐다.

마음이 영 불편해 퇴근 후 다시 가보기로 했다. 저녁 8시, 아까 낮에 봤던 오피스텔을 다시 찾았다. 밤이 되자 오피스텔 주변 건물들은 범죄 소굴처럼 어두컴컴해 겁이 날 정도였다. 마침 슬리퍼 차림으로 오피스텔 엘리베이터를 타려는 남성에게 말을 걸었다.

"저기요. 혹시 여기 사시나요?"

잠시 걸음을 멈춘 그는 그렇다고 했다.

"죄송한데, 이 오피스텔에 투자를 할까 하는데, 살기에 괜찮은

가요?"

"네? 여기 투자하시게요? 왜요?"

한 손에 검은 봉지를 든 그가 자기 일처럼 흥분했다.

"여기 살기 엄청 불편해요. 냄새도 많이 나고, 주변에 외국인들도 많고요. 굳이 왜 이런 데에 투자를 하려고 하세요?"

내가 뭔가 크게 잘못하고 있는 느낌마저 들었다.

"아…… 아니에요. 그냥 한번 여쭤봤어요. 감사합니다."

그는 그제야 안심이 된다는 듯, 다시 엘리베이터를 타고 집으로 향했다.

뒤도 안 돌아보고 집으로 발걸음을 돌렸다. 큰 사기라도 당한 듯 배신감을 느꼈다. 분명 똑같은 오피스텔이다. 그런데도 낮과 밤이 어쩌면 이렇게도 다른 걸까? 순진하게 분양업자 말만 믿었다간 깜빡 속을 뻔했다. 찜찜한 마음에 '설마' 하고 다시 와보지 않았다면, 아까운 내 돈 6,000만 원을 날릴 뻔한 것이다.

그때쯤부터였던 것 같다. 분양업자에 대한 불신이 싹트기 시작한 것은. 빌딩 부자들이 분양하는 사람들은 다 사기꾼이라고 하더니, 정말 그 말이 딱 맞는 것 같았다. 어떻게 입에 침도 안 바르고 허풍을 떨 수 있는지, 신기할 정도였다.

결정적으로 분양업자에 대한 불신이 극에 달한 건 오피스텔 분양권 투자 이후다. 자주 가는 재테크 카페에서 분양권 정보를 접했다. 퇴근 후 지하철을 두 번이나 갈아타고 7호선 가산디지털단지역에 내렸다. 구로공단이 현대식 아파트형 공장으로 변하고 있다는 얘기는 취재하면서 들었어도, 직접 와본 건 처음이었다. 가산디지털단지역 주변으로 고층 오피스 빌딩들이 들어서 마치 강남을 방불케 했다.

역에서 내려 주위를 두리번거리며 10여 분을 걸었다. 저녁 늦은 시간에도 모델 하우스를 둘러보는 사람들이 꽤 많았다. 전용 20제곱미터(6평)형과 전용 33제곱미터(10평)형을 각각 둘러봤다. 자세한 설명을 들으러 테이블에 앉았다. 앞자리에 앉은 아주머니의 두 눈이 반짝였다. 그는 신이 난 목소리로 설명을 시작했다.

"현재 가산 디지털 단지는 1, 2단계가 진행된 상황이고요. 앞으로 3단계가 마지막으로 진행될 예정입니다. 이 오피스텔은 전체 세 개 단지를 통틀어 유일한 주거용 오피스텔입니다."

'이 넓은 아파트형 공장에 주거용 오피스텔이 하나 밖에 없다고?'

이것만큼 매력적인 게 또 있을까? 이 지역의 그 많은 근로자들이 모두 이 오피스텔의 수요자가 될 수 있다는 얘기였다. 그 말은 또 뒤집어보면, 수익형 투자의 최대의 적이라 할 수 있는 '공실'의 우려가 없다는 뜻이기도 했다.

"지금 남아 있는 호수가 몇 개 없어요. 입지가 워낙 좋다 보니,

친·인척 분들한테도 다 소개해줬어요."

그때까지도 세상 물정을 잘 몰랐던 나는 '진짜 그럴 수도 있다'고 생각했다. 하지만 아주 나중에 프로젝트를 다 끝낸 후에야 분양 시장의 3대 거짓말을 알게 됐다.

첫째! 이거 팔아봤자 남는 것도 없고, 회사가 돈을 번다.

둘째! 내가 사려고 했다. 아는 사람 혹은 가까운 친척이 샀다.

셋째! 다 팔리고 남은 게 몇 개 없다.

분양업자들이 하는 이 멘트는 웬만하면 믿지 않는 게 낫다. 마치 처녀가 시집 안 간다는 얘기처럼 그냥 하는 소리다.

초보 투자자들에게 분양이 달콤한 유혹인 또 다른 이유는 초기 투자금이 적기 때문이다. 일단은 처음 계약할 땐 계약금 10퍼센트만 내고, 2년 내내 중도금 대출로 돈 한 푼 내지 않을 수 있다. 게다가 대부분 무이자 할부다. 결국 2년 뒤 준공 시점에 잔금을 치르면 된다.

나 또한 마찬가지였다. 가산동 오피스텔을 분양받았던 이유도 초기 투자금이 1,500만 원 밖에 되지 않기 때문이다. 처음 투자 계획은 프리미엄이 1,000만 원이라도 붙으면 팔 계획이었다.

하지만 준공 시점이 다가올 때까지, 플러스 프리미엄이 붙은 적은 단 한 번도 없었다. 심지어 제값 받고 팔기도 힘들었다.

나는 절대로 초보 투자자들에게 분양을 추천하지 않는다.

아파트든, 오피스텔이든, 상가든, 종류에 상관없다. 그 지역에 대한 철저한 조사와 공부 없이는 함부로 신규 분양을 받지 않는 게 좋다는 생각이다.

분양이란 미래 가치를 파는 것이다. 그 가치를 부풀려야 높은 평가를 받을 수 있다.

'오늘은 또 어떤 사기꾼이 나를 기다리고 있을까.'

프로젝트를 하면서 심지어 이런 기대감으로 하루를 시작한 날도 있었다.

그나마 그 많은 사기꾼들 속에서 사기 한 번 안 당하고 '성투(성공 투자)'할 수 있었던 이유는 바로 취재하듯 투자를 했기 때문이다. 돌다리도 두들겨보고 건너는 취재 습관이 업계에서 사기꾼을 피할 수 있는 비결이었던 셈이다.

첫 낙찰,
찜찜한 기쁨을 남긴

　〈월세의 여왕 100일 프로젝트〉를 진행할 당시 내 유일한 친구는 운동이었다. 운동을 하다 보면 복잡했던 생각들이 일순간에 정리됐다. 아무 생각 없이 오롯이 내 몸에만 집중할 때, 파편처럼 흩어졌던 생각들이 퍼즐 조각처럼 맞춰졌다.

　그날도 러닝머신 위에 올라 속도를 높였다. 슬슬 몸의 온도가 높아지고 땀이 나기 시작하면서 엔돌핀이 분비되는 느낌이 왔다. 나는 이 순간을 사랑한다.

　'지금 내겐 모든 가능성이 열려 있고, 또 모든 가능성이 닫혀 있다. 무언가의 끝인 동시에 또 무언가의 시작이다.'

'이미 길고 어두운 터널을 지났다고 생각했다. 끝났다고 생각한 그 터널 뒤에, 그 긴 터널이 나타난 것이다. 하늘이 나를 버렸다고 생각했다.'

삶에 대한 무거운 상념은 곧 투자로 이어졌다. 프로젝트를 시작한 지 두 달이 다 되도록 번번이 '패찰경매에 낙찰되지 못함'만 하고 있었다. 열 번 가까이 입찰에 참여했지만, 낙찰의 행운은 쉽게 오지 않았다.

남들 눈에도 좋게 보이는 물건은 낙찰받기가 하늘에 별 따기다.

그동안의 패찰이 알려준 교훈이다.

새벽까지 눈이 벌겋도록 경매 물건을 검색하고, 밤늦게까지 부동산을 돌며 현장 답사를 했지만, 정작 입찰장에선 계속 물을 먹었다.

물론 내 잘못은 아니었다. 하지만 무엇이든 실패의 경험은 인간을 좌절스럽게 했다. 30만 원을 주고 경매 컨설팅 계약을 맺은 동그란 안경테의 그도 슬슬 지쳐가는 눈치였다. 나는 그에게 쉽지 않은 고객이었다. 다른 고객들은 세 번만 패찰해도 그의 말을 곧잘 듣는데, 나는 고집이 아주 셌다. 그가 아무리 높은 입찰가를 제시해도 스스로 판단한 입찰가를 써냈다.

일반적으로 세 번 정도 패찰하면 위기가 온다. 한두 번은 떨어져도 '경험 삼아 해보자'고 생각하지만, 그 이상 떨어지면 온갖

잡생각이 들게 마련이다.

'내게 뭔가 문제가 있는 건은 아닌가?'

'나는 왜 이렇게 재수가 없지?'

'올해가 삼재三災인가?'

이렇게 잡생각이 많아지는 순간, 심리적으로 흔들리게 된다. 그때부터는 자기중심, 즉 목표 수익률이 점점 낮아진다. 그동안 귀담아듣지 않았던 컨설턴트의 높은 입찰가가 슬슬 들어오기 시작한다.

나 역시 그랬다. 열 번 가까이 패찰하니 심리적 지지선이 붕괴되는 경험을 했다. 무기력하게 지쳐간다는 느낌을 받았다. 어쩌면 '평생 낙찰을 한 번도 받지 못할 수 있다'는 비관적인 생각마저 들었다.

계속된 패찰로 심신이 쇠약해져 갈 무렵, 9호선 역세권에 한 오피스텔을 발견했다. 투자를 하다 보면 왠지 끌리는 물건이 있다. 등촌역 초역세권에 위치한 이 오피스텔이 그랬다. 이 집이 마음에 쏙 들었던 이유는 바로 '신혼집 같은 분위기' 때문이었다. 85제곱미터(26평) 오피스텔이었지만, 방이 두 개였고, 빌트인 세탁기와 식탁이 있었다. 브라운 톤의 아늑한 인테리어가 시선을 사로잡았다. 경매로 나온 집과 동일한 면적의 집을 두 곳

정도 돌아본 뒤 속으로 다짐했다.

'이번엔 기필코, 반드시 낙찰을 받고 말겠다.'

흔히 이럴 땐 '꽂혔다'는 표현을 쓴다. 수익률도 괜찮았다. 감정가 2억 2,000만 원인 이 오피스텔은 1회 유찰流札. 경매가 무효로 돌아가는 일. 사람들이 써낸 가격이 최저 내정가에 미달하는 경우에 주로 발생함돼 최저 입찰가가 1억 7,000만 원까지 떨어진 상태였다. 현장 부동산 시세 조사 결과, 보증금 1,000만 원에 월세가 120만 원 정도였다. 최대한 보수적으로 잡아도 수익률은 연 17퍼센트 정도 됐다. 이 정도면 첫 투자인 빌라보다도 높으니 해볼 만하다고 생각했다.

입찰 당일. 연차를 쓰고 경매 법원으로 가는 지하철에서 컨설턴트의 전화를 받았다.

"이 물건 꼭 낙찰받으려면 최소 2억 원은 써야 할 겁니다."

그는 전날부터 '최소 2억 원'을 강조했다. 그 역시 내가 열 번 넘게 떨어지다 보니, '이제 좀 낙찰을 받아줬으면……' 하는 눈치였다. 경매 컨설턴트의 수수료는 의뢰인이 낙찰에 성공해야 받을 수 있다.

법원으로 가는 지하철에서 다시 한 번 수익률을 계산했다. 그의 추천대로 2억 원에 낙찰받아도 목표 수익률은 만족시킨다는 판단이 섰다. 경락잔금대출로 1억 7,000만 원을 받고도 대출 순익이 월 40만 원 정도 나왔다. 내 돈 2,000만 원을 투자하면 연

480만 원 정도의 월세 순익이 생기는 것이다.

초여름 아침부터 푹푹 찌게 더웠다. 오전 10시, 법정에 도착하니 벌써 사람들이 절반 가까이 들어찼다. 중앙지법과 달리 남부지법은 경매 법정의 규모가 작았다.

입찰자들은 법정 테이블 위에 놓인 물건 정보를 이리저리 훑어봤다. 유독 내 물건에 사람들이 많이 몰렸다. 현장 분위기를 보니 내 물건을 노리는 사람들이 꽤 되는 듯했다.

드디어 입찰가를 결정해야 할 시간. 심상치 않은 분위기에 입찰가를 낮추지 않고, 예정대로 2억 원을 조금 넘긴 '2억 7만 원'을 써서 냈다.

오전 11시, 드디어 개찰이 시작됐다. 판사가 물건을 하나씩 부르기 시작했다. 30분을 기다린 끝에 내 물건의 차례가 왔다. 법원의 판사는 낮은 입찰가부터 부르기 시작했다.

"1억 8,000만 원."

"1억 8,500만 원."

"1억 9,000만 원."

"1억 9,600만 원."

입찰가는 대부분 1억 8,000만 원대에 집중됐다.

'아…… 이번엔 낙찰받겠구나!'

강렬한 느낌이 왔다.

"2억 7만 원을 써낸 성선화 씨. 1등 낙찰입니다."

나는 모자를 푹 눌러 쓴 채, 법정 앞으로 나갔다. 그날 내 물건엔 무려 서른한 명이 몰렸다. 무엇보다 2등과의 낙찰가 차이가 400만 원이나 됐다. 심지어 2등으로 떨어진 입찰자가 '축하한다'며 인사를 건넸다. 그 경매는 그날의 최고 경쟁률로 '지지옥션 사이트www.ggi.co.kr'에 소개되었다.

태어나서 처음으로 낙찰을 받긴 받았는데 좋은 건지, 나쁜 건지 구분이 안 됐다. 첫 낙찰이었지만, 뛸 듯이 기쁘지 않았다.

뭔가 찝찝한 느낌을 지울 수가 없었다.

강남 상가,
썩은 물건이 돈 되는

· · · · ·

'민낯이 예쁜 물건을 찾아 곱게 화장하라.'

듣기만 해도 설레는 작업이다. 남들이 볼 땐 형편없는, 화장기 없는 물건을 찾아 곱게 화장을 해 생기를 불어넣는 것이다.

빌딩 부자들을 인터뷰하면서 가장 대단해 보였던 이는, 망가진 하자 있는 빌딩을 잡아 새 빌딩으로 탈바꿈시키는, 조 회장님이었다. 그가 들려준 '빌딩 화장법'은 혈기 왕성한 내 젊은 치기를 자극하기에 충분했다.

가산동 오피스텔 낙찰 이후 내 관심은 '하자 물건'으로 옮겨 갔다. 일반 물건보다는 뭔가 망가진 물건이 없는지 찾아 나서기 시작했다.

이때 마침 눈에 들어온 것이 '강남 상가'였다. 상가라면 대부분 번듯한 상가를 상상하겠지만, 이 상가는 2층 푸드코트 내 작은 일부분에 불과했다. 감정가 2억 2,000만 원짜리가 6회 유찰이 돼 7,000만 원까지 떨어진 상태였다. 내가 찾던 바로 그 '하자 있는' 물건이었다.

현장 답사 결과, 이 물건의 하자는 더욱 명확해졌다. 1,300제곱미터(400평)나 되는 큰 푸드코트가 텅텅 비어 있었고, 강남 속 무인도처럼 상권은 완전히 망가져 있었다.

텅 빈 상가를 보면서 호기심이 발동했다. 1층 부동산을 돌며 조사를 해보니, 푸드코트를 하나로 털어서 새 임차인을 넣는 작업이 진행 중이었다.

"지금 병원을 넣으려고 작업을 하고 있는데, 이달 중으로 확정이 될 것 같습니다."

현장에서 만난 1층 부동산 관계자가 슬쩍 말을 흘렸다. 그 순간, 입질이 왔다.

'그래. 이 물건을 낙찰받아서 새 임차인이 들어오면 돈이 되겠구나.'

'바로 이런 게 내가 찾던 하자 있는 물건이야.'

'드디어 내게도 망가진 상가를 살릴 기회가 온 거야.'

하지만 다른 한편으론 겁이 덜컥 났다. 그렇게 간단히 해결 가능한 물건이라면, 나 말고 다른 고수들이 벌써 들어오고도 남았을 것이다. 여섯 번이나 유찰된 게 왠지 미심쩍었다. 이럴 땐 전문가한테 물어보는 게 가장 확실했다.

〈월세의 여왕 100일 프로젝트〉를 하면서 나의 투자 멘토로 의지했던 부동산 전문가 수정 언니한테 전화를 걸었다.

"한번 해봐. 어차피 대박과 쪽박은 한 끗 차이야. 정 안 되면 7,000만 원 날리고 투자 공부했다고 생각해."

언니의 조언은 명쾌했다. 일단 한번 질러보라는 것이다. 마침 어려운 물건에 도전해보고 싶었는데, 이참에 눈 질끈 감고 한번 해보자는 생각이 들었다.

입찰 당일 아침. 회사 출근으로 직접 법정에 가지 못했다. 나 대신 법정으로 간 어머니께 입찰가로 8,000만 원을 쓰라고 주문했다.

오전 내내 신문이 눈에 들어오지 않고 일이 손에 잡히지 않았다. 그날따라 물건이 많은지 개찰 결과가 빨리 나오지 않았다. 점심시간이 다 돼서야, 드디어 어머니한테 문자가 왔다.

"낙찰됐어. 한 명 더 들어왔더라. 7,200만 원 썼던데?"

두 명이 입찰에 들어왔고, 나 이외 다른 한 명은 상가 관계자였다. 낙찰 후 그는 어머니께 이런 말을 했다고 한다.

"혹시 회장님께서 보내서 오셨나요?"

"아뇨. 저는 우리 딸이 보내서 왔는데요?"

그가 말한 '회장님'이란 상가의 회장을 의미했고, 얽히고설킨 상가의 이해관계가 결코 쉽지 않다는 걸 암시했다.

실제로 낙찰 이후 400평의 상가를 터 키즈카페 '어린왕자'를 넣기까지 8개월이 걸렸고, 그 과정에서 나는 부동산업계 사람들에게 진절머리가 날 정도로 질려버렸다.

만약 그때 열여섯 명이나 되는 많은 사람을 일일이 설득해 임차를 넣는다는 게 얼마나 힘든 일인지 알았다면, 과감히 포기했을 것이다.

몰랐기 때문에 할 수 있었던 치기 어린 도전이었다.

기억해보니 '부동산의 피'가 흐르는 조 회장님조차 사람들이 많이 얽힌 수분양 물건은 고개를 절레절레 흔들며 기피했다. 직접 경험해보니 그 이유를 알 것 같았다.

하지만 돈은 하자 있는 물건에서 나왔다. 천신만고 끝에 임차인을 구한 뒤 한동안은 '강남 상가'를 걱정 없이 잊고 지냈다. 월세를 밀리는 일도 없었고, 투자 수익률은 계속 올라갔다. 경락잔금대출로 6,500만 원을 대출받았고, 매년 큰 문제없이 만기가 연장됐다. 심지어 대출 이자도 매년 낮아졌다. 처음 40만 원이었던 대출 이자는 3년 뒤 절반인 20만 원으로 뚝 떨어졌다. 매달 들어오는 월세는 71만 원으로 변함이 없었지만, 대출 이자가 떨어지면서 수익률도 껑충 뛰었다. 시세 차익을 감안한 수익률을 계산해봤더니 600퍼센트를 넘었다.

결코 쉽지만은 않은 길이었다. 지금도 여전히 나는 이 강남 상가의 공을, 임차인 구하는 데 지대한 역할을 하신 이기종 이사님께 돌리고 싶다. 아마도 나 혼자서는 못했을 일이다.

지방 아파트,
유종의 미를 거둔

투자는 하면 할수록 요령이 생겼다. 처음 연 12퍼센트로 시작
한 투자 수익률은 점점 더 높아졌고, 마지막 지방 아파트 수익률
은 무려 33퍼센트까지 치솟았다.

〈월세의 여왕 100일 프로젝트〉가 드디어 막바지로 접어들 즈
음, 나의 투자도 정점을 찍기 시작했다. 서울과 경기도 일대를
섭렵한 나는, 지방으로 눈을 돌리기 시작했다.

지방 투자의 목표는 명확했다.

'한 번에 세 채 이상 잡아 한 명의 관리인에게 맡긴다.'

관리의 효율성을 위해서였다. 지방의 경우 한 채 보다는 세 채

정도를 같이 굴리는 게 여러모로 낫다는 조언을 들었다.

지방 현장 답사는 고생스럽기 짝이 없었다. 서울처럼 점심과 저녁 시간에 잠시 짬을 내 다녀올 수 있는 곳이 아니었다. 주말 1박 2일로도 부족할 때가 많았다.

프로젝트가 석 달째 접어들면서 매 주말을 지방 답사로 보냈다. 광주나 부산 등 멀리 갈 때는 금요일 퇴근 후 고속버스를 타고 내려가 찜질방에서 잠시 눈을 붙였다.

주말 내내 부동산을 돌다 일요일 밤 심야 버스를 타고 올라와 곧바로 출근을 했다. 월요일 새벽 서울 터미널에 도착해 씻지도 못한 채 출근을 했다. 그야말로 온몸이 만신창이가 되는 느낌을 받았다.

지방 답사의 첫 스타트는 충청권이었다. 대전, 당진 등을 찍은 후엔 군산, 광주, 목포 등 전라권을 훑어봤다. 부산, 거제, 대구까지 돌아보며 전국구로 시야를 넓혔다.

처음에는 눈에 확 들어오는 물건이 보이지 않았다. 마지막으로 강원도권을 돌면서 느낌이 오는 물건들을 발견했다. 그날도 전국의 경매 물건 중 최저 입찰가가 3,000만~5,000만 원인 아파트를 찾고 있었다. 강원도 태장동에 3,000만 원대의 저가 아파트가 무더기로 쏟아져 나온 것을 발견했다. 파르르 떨리는 촉이 왔다. 한 단지 내 아파트가 우르르 경매로 쏟아져 나온 것이다. 대항력, 배당 등 권리 분석을 해봐도 특별한 문제가 없었다. 그동안 그토록 찾아 헤맸던 나의 이상형이란 사실을 한눈에 알 수 있었다.

'찾았다! 찾았어! 내가 찾던 물건이야!'

게다가 강원도 원주는 2018년 평창 올림픽의 최대 수혜지였다. 호재가 있는 지역에 미리 들어가 길목을 지킨다는 전략에도 맞아떨어졌다.

한껏 부풀어 오른 흥분은 쉽게 가라앉지 않았다. 재빨리 행동에 옮겼다. 강원도 원주는 생각보다 멀지 않았다. 버스로 1시간 반이면 충분했다. 이왕 내려간 김에 경매 물건 이외에 다른 아파트들도 주욱 돌아봤다. 경매로 나온 두진 백로 아파트는 주공 아파트 중심 생활권에서는 조금 벗어나 있었다. 뒤쪽에 산이 있어 밤에는 조금 무섭게 느껴지기도 했다.

하지만 전형적인 서민형 임대 아파트로 내가 찾던 물건임에 분명했다. 프로젝트 초기엔 내가 살 만하거나 살 수 있을 것 같은 집을 봤다면, 이제는 관점이 완전 바뀌었다. 이제 더 이상 아파트의 '외모'를 따지지 않았다. 수익형 부동산의 본질인 '수익률'만 따지게 된 것이다.

부동산의 겉모습이 아닌 본질을 읽어내는 안목!

석 달 가까이 투자 물건들을 보면서 드디어 내게도 물건을 보는 혜안이 생긴 것이다. 나도 겉이 아닌 속을, 외모가 아닌 성격으로, 부동산을 볼 수 있는 눈이 생겼다. 사람도 마찬가지겠지만, 부동산의 화려한 겉모습에 현혹되어선 곤란하다. 물건의 본질을 꿰뚫는 안목이 필요하다.

이 아파트 단지는 첫 지방 물건으로 충분히 도전해볼 만하다는 확신이 섰다. 문제는 입찰 대리인이었다. 어머니를 서울도 아닌 지방 경매 법정까지 보낼 수는 없었다. 이번만큼은 입찰 대리인을 구해야 했다.

하늘은 스스로 돕는 자를 돕는다고 했던가. 입찰 예정 물건 번호로 검색해서, 마침 이 물건에 대한 분석을 올려놓은 블로그를 발견했다. 대부분 이런 물건 분석을 블로그에 올리는 사람은 경매 컨설턴트였다. 하지만 그는 강원도에서 중개업을 하는 공인중개사였다. 당장 그에게 전화를 했다.

"두진 백로 아파트 문의드리려고 전화했는데요. 혹시 입찰 대리도 하시나요? 제가 서울에 사는 투자자인데, 도저히 입찰장에 갈 형편이 아니라서요."

나의 목소리에서 진정성을 느꼈는지 그는 단돈 50만 원에 기꺼이 입찰 대리를 하겠다고 했다. 입찰을 하루 남겨둔 일요일 밤 10시. 거사를 앞두고 접선을 위해 강원도 원주행 버스를 탔다. 그를 만난 시각은 11시 30분. 입찰에 필요한 신분증과 위임장을 넘겼다. 다음 날의 거사를 위한 모든 준비를 마친 시간은 밤 12시.

"기자이신가 봐요? 근데 굉장히 열정적이시네요. 일요일 밤 10시에 원주로 내려오긴 정말 쉽지 않을 텐데. 내일 정말 잘됐으면 좋겠어요. 구체적인 입찰가는 현장 분위기 보고 제가 알아서 정할게요."

"네. 완전 감사드려요. 제가 낙찰만 되면 세 채 모두 관리를 맡길게요."

나는 '정말 그렇게만 되면 소원이 없겠다'고 생각했다. 그는 친절하게도 터미널 인근 찜질방까지 데려다 줬다. 잠깐 눈을 붙이고 서울로 돌아오는 새벽 첫차를 탔다. 삶에 대한 열정으로 가슴이 뜨거워지는 느낌을 받았다.

간신히 지각을 면했지만, 마음은 강원도 원주에 있었다. 오전 10시, 그가 입찰가를 문자로 보내왔다. 나는 떨리는 마음으로 '오케이' 사인을 넣었다.

개찰 시간을 훌쩍 넘긴 오후 1시. 드디어 그에게서 낙찰 소식이 날아들었다.

"세 건 모두 낙찰 성공했습니다. 한 건은 100원 차이로 낙찰됐네요."

하마터면 회사가 떠나갈 정도로 탄성을 지를 뻔했다. 속으로 그야말로 쾌재를 불렀다.

'드디어 해냈어! 성선화! 드디어 해냈다고.'

마치 '경매 신동'이나 된 듯 착각에 빠졌다.

드디어 나의 〈월세의 여왕 100일 프로젝트〉도 대단원의 막을 내렸다. 그동안 웬만한 경매 물건을 혼자 분석할 경지에 올랐고, 투자에 자신감도 붙었다. 번데기가 애벌레로 퀀텀 점프Quantum Jump. 대약진. 경제학에서는 단기간에 실적이 급호전되는 현상을 의미하는 형질 변화를 경험했다. 당시 부동산은 일종의 도피처였고, 피난처였다. 생지옥 같은 직장 생활 속에서 자유롭게 숨 쉴 수 있는 유일한 공간 같았다.

아마 내 인생은 〈월세의 여왕 100일 프로젝트〉 전과 후로 구분될 것이다. 모든 걸 다 포기하고 싶을 만큼 힘들었던, 그 지옥 같은 시간을 보낸 후 나는 새롭게 다시 태어났다. 병아리가 알을 깨고 세상 밖으로 나오듯, 나는 〈월세의 여왕 100일 프로젝트〉를 통해 비로소 진정한 세상 밖으로 나왔다.

'만약 〈월세의 여왕 100일 프로젝트〉를 하지 않았다면 어땠을까?'

지금으로선 상상도 하기 싫다. 아마도 『빌딩부자들』 인세로 들어온 종잣돈을 고스란히 다 날려버렸을 것이다.

무엇보다 '지금도 가능하다'는 빌딩 부자들의 일침을 몸소 증명하지 못했을 것이다.

죽지 않기 위해 시작한 프로젝트였지만, 새로운 날개를 달았
다. 프로젝트가 끝나던 날, 비로소 하늘에 감사했다.

'버려줘서 고맙다. 진심으로.'

덕분에 나는 '월세의 여왕'이 될 수 있었다.

관리

"부동산 임대업의 본질은
감정 노동."

곰팡이 아파트,
처음 만난 복병

'불행 끝, 행복 시작!'

〈월세의 여왕 100일 프로젝트〉만 끝나면 이 모든 고통이 눈 녹듯 사라질 줄 알았다. 부동산 실전 투자의 고수로 이름을 날릴 줄 알았다. 하지만 그것은 순진한 나만의 착각이었다. 프로젝트는 성공리에 끝이 났지만, 정말이지 산 넘어 산이었다. 지금까지 상상도 못했던 일들이 나를 기다리고 있었다.

여수 아파트는 프로젝트의 마지막을 장식했던 하이라이트였다. 원주 아파트 무더기 낙찰로 탄력을 받는 나는, 내친 김에 마지막으로 여수 아파트에 도전했다. 여수 아파트에 꽂혔던 가장 큰 이유는 코끝을 간질이는 따뜻한 바람과 낭만으로 넘실거리는 여수 앞바다에 반해서였다.

> 여수 밤바다 이 바람에 걸린 알 수 없는 향기가 있어
> 네게 전해주고파 전활 걸어 뭐하고 있냐고
> 나는 지금 여수 밤바다 여수 밤바다

버스커 버스커의 「여수 밤바다」를 들으며 여수 바다를 걸을 때면, 가슴속 묵은 걱정까지 전부 씻겨져 내리는 듯했다.

여수 엑스포를 앞두고 한창 여수가 주목받던 그즈음, 여수 앞바다가 한눈에 내려다보이는 오래된 주공 아파트가 신건으로 나왔다. 37년 된 재건축 대상 아파트였지만, 입지가 좋았다. 바로 옆 아파트도 재건축으로 새 단장을 마친 상태였다. 여차하면 재건축까지 내다볼 수 있겠다고 생각했다.

무엇보다, 아무도 살지 않는 빈집이었다. 현장에 가보니 우편물이 수북이 쌓여 있었다. 꽤 오랫동안 사람이 살지 않은 듯했다. 그 지긋지긋한 명도낙찰받은 뒤 집에 살고 있는 소유자나 세입자를 내보내는 일도 할 필요 없이 무혈입성이 가능하다니, 생각만 해도 신이 났다. 결국 감정가 3,600만 원인 아파트를 혼자 입찰해 3,700만 원

에 낙찰받았다.

신건 단독 입찰. 경매 좀 한다 하는 꾼들의 로망이다.

하지만 문제는 그때부터 시작됐다. 잔금을 치른 뒤 문을 열고 집으로 들어간 순간, 퀴퀴한 곰팡이 악취가 온 집 안에 진동을 했다. 1층이라 환기가 잘되지 않고, 오랫동안 사람이 살지 않아 집 안 곳곳에 거무튀튀한 곰팡이가 슬어 있었다.

처음 만난 곰팡이집이라 어쩔 줄 몰라 했다. 우선 간단한 응급 조치만 했다. 곰팡이가 생긴 근본 원인을 고치기보단, 임시 방편으로 도배와 장판만 했다. 한 달 이상 여러 명이 집을 보러 들락거렸다. 하지만 누구 하나 선뜻 들어오겠다는 이가 없었다. 하는 수 없이 월세를 내렸다. 속으로 걱정이 되긴 했지만, 뾰족한 수가 없었다.

그 와중에 평화롭던 회사 생활에 폭풍우가 불어닥쳤다. 〈1사 1병영〉이란 새로운 프로젝트가 부서로 떨어진 것이다. 조직의 윗선들도 유휴 부서를 부려먹어야겠다고 판단한 듯했다. 어느 조직이든 노는 부서는 단박에 티가 난다. 당연히 바빠진 것은 부서 막내인 나였다. 전국의 군부대를 돌기 시작한 것은 그때쯤이다. 지금 여수 곰팡이집이 문제가 아니었다. 다시 하루하루 전쟁 같은 날들이 돌아온 것이다.

집을 내놓은 지 두 달이 다 돼 갈 때쯤 다행히도 살겠다는 이가 나타났다. 첫아이를 임신한 신혼부부였다. 이들은 집이 언덕배기에 있다며 월세를 깎아달라고 했다. 결국 2만 원을 깎아 28만 원으로 했다. 입주 예정일 신혼부부가 무사히 입주를 했다는 전화를 받고서야 마음이 놓였다. 그제야 그 곰팡이집 아파트를 잊고 사는가 싶었다.

그런데 입주한 지 석 달도 채 되지 않아 세입자 남자에게서 전화가 왔다.

"아파트 주인 맞으시죠? 도저히 곰팡이 냄새가 나서 살 수가 없습니다. 집사람이 임신을 했는데, 태교에도 안 좋습니다. 이달 말에 나갈 테니까 그렇게 아십시오."

잔뜩 화가 난 그는 씩씩거리며 전화를 끊었다. 분명 계약 기간은 1년이었지만, 계약서를 들먹이지는 않았다. 태교에 안 좋다는데 붙잡을 만큼 악덕 집주인이 되고 싶지는 않았다.

"네. 일단 알겠습니다. 대신 보증금은 새로운 세입자가 구해지면 드릴게요."

그렇게 여수 곰팡이집은 또다시 홀로 남겨졌다. 도대체 꼬라지가 어떻길래 세입자가 석 달도 못 살고 나가겠다고 하는 걸까. 내 눈으로 직접 한번 봐야겠다고 생각했다.

바빠진 회사 생활 탓에 세입자가 나간 지 2주 만에 여수 앞바다를 다시 찾았다. 이번엔 혼자가 아니었다. 나의 부동산 사부인 수정 언니와 함께였다.

오랜만에 다시 찾은 여수 앞바다는 그대로였다. 이순신 광장 앞의 나른한 바다와 개미 새끼 한 마리 없을 정도로 한적한 좌수영 음식 거리. 내가 처음 반했던 그 따사로운 햇살은 여전했다. 좌수영 음식 거리에서 갈치조림을 든든하게 챙겨 먹은 언니와 나는, 느린 걸음으로 아파트로 향했다. 그때까지만 해도 여유가 있었다. 우리에게 닥칠 고난을 전혀 알지 못한 탓이다. 오후 2시쯤 집에 도착해 문을 열었다.

"끼약~~~~! 성 기자, 이게 뭐예요?"

녹슨 대문이 열리자, 언니가 비명에 가까운 소리를 질렀다.

"어휴. 진짜 장난 아니네요."

그야말로 사람집이 아니라 곰팡이집이었다. 세입자 부부가 나가겠다고 으름장을 놓을 만했다. 우리는 한참을 넋 나간 표정으로 서 있었다. 동네 할머니들은 무슨 구경이나 난 것 마냥 우리를 뚫어져라 쳐다봤다. '서울 것'들이 뭔 일로 내려와서 저 난리냐 싶은 듯했다.

"에휴. 언니. 오늘은 그냥 서울로 올라가야 할 것 같네요. 지금 할 수 있는 게 아무것도 없네요."

일보 전진을 위한 후퇴였다. 서울로 돌아가 해결책을 찾아보기로 했다. 이왕 이렇게 된 바에야 맛난 게장이나 먹고 가기로 했다.

"성 기자, 진짜 억척스럽긴 한 것 같아. 어떻게 여수까지 와서 집을 살 생각을 했어? 아까 그 집 보니까 내가 다 심란하더라고. 그 집을 보고서도 이렇게 태연한 거 보면 성격 하나는 참 낙천적이야."

언니는 몇 년이 지난 후에도 가끔 여수 곰팡이 아파트 얘기를 꺼내며 나를 '정말 낙천적인 성격'이라고 정의하곤 했다.

당시 애써 태연한 척했지만, 내 속이 편할 리 만무했다. 밤늦게 서울로 올라온 그날 꿈엔, 여수 곰팡이 아파트가 나타났다. 꿈속의 나는 오징어 썩은 냄새가 진동하는 거무튀튀한 천장을 바라보며 울상을 짓고 있었다.

악성 임차인,
우리 집에서 훌라를 친

말로만 듣던 악성 임차인을 만난 건 '관리 모드'로 돌입한 지 얼마 되지 않아서였다. 사실 『빌딩부자들』 책을 쓸 때만 해도 악성 임차인의 존재는 크게 와 닿지 않았다. 인터뷰한 빌딩 부자들마다 악성 임차인 한 번 안 만나본 사람이 없었지만, 내 일은 아니었다. 악성 임차인을 만나 속 끓인 얘기를 들을 때마다 조금은 한심하단 생각이 들기도 했다.

'그러니까 처음에 사람을 들일 때 잘 들여야…… 쯧쯧.'

첫 낙찰에 성공한 가산동 오피스텔의 월세는 조금 센 편이긴 했다. 강남도 아닌데 9호선 역세권이란 이유로, 보증금 1,000만 원에 월세 120만 원이었다. 신혼부부가 살기에 딱 좋은 구조였다. 하지만 100만 원이 넘는 월세는 가정집엔 부담스러웠다. 낙찰 이후 잔금을 치르고, 간신히 명도를 한 이후에도 세입자는 쉽게 구해지지 않았다.

그렇게 공실로 한 달쯤 지났을 무렵, 의외로 쉽게 들어오겠다는 세입자가 나타났다. 게다가 월세도 그대로 계약한다고 했다.

'다들 비싸다고 하던데, 한 푼도 안 깎고 그냥 들어온다고?'

속으로 웬일인가 싶었지만, 기쁜 마음이 더 컸다. 한껏 들뜬 마음에 이것저것 따지지 않고 계약서에 도장부터 찍었다. 중소기업 대표가 직원 숙소로 쓴다고 했지만 자세히 캐묻진 않았다.

그런데 첫 달이 지나도 월세가 들어오지 않았다. 입금이 안 된 건 알았지만, 적극적인 조치를 취하진 않았다. 남에게 싫은 소리하는 게 체질적으로 맞지 않았다. 무엇보다 회사 내 분위기가 심상치 않게 돌아가고 있었다.

"성선화! 사람들이 왜 자꾸 네 안부를 나한테 묻냐? 내가 후배 안부까지 사람들한테 전해줘야 되냐?"

뭐가 그렇게 못마땅한지 선배는 동네북처럼 나를 두들겨댔다. 한 귀로 듣고 한 귀로 흘리는 신공을 터득한 건 이때부터다. 듣지만 듣지 않는 '초능력' 없이 지옥 같은 회사 생활을 버텨낼 순 없었다.

그날도 걸쭉한 욕을 한바탕 얻어먹고 퇴근하는 길이었다. 문득 입주한 지 두 달이 다 되도록 월세가 안 들어왔다는 사실을 떠올렸다. 우리 집을 전담으로 맡긴 부동산 아주머니께 전화를 했다.

"집주인이에요. 그때 입주한 세입자가 두 달이 다 되도록 월세를 안 내고 있네요. 죄송한데 한번 알아봐주시겠어요?"

다음 날, 부동산 아주머니의 다급한 목소리가 들려왔다.

"저기, 사모님. 아무래도 세입자가 집에서 홀라를 치는 것 같아요. 창문에 시커멓게 까만 걸 붙여놓고 어두컴컴하게 해놓았네요."

"네? 홀라요? 그게 뭔가요?"

아주머니는 도박의 일종인 홀라 치는 사람들이 대부분 비슷하게 해놓는다고 설명했다. 머리가 띵~ 하고 지끈 해오는 느낌이었다.

'이게 또 무슨 날벼락이지?'

머릿속엔 온통 '홀라 친 그놈들' 생각뿐이었다. 어쨌든 싸우지 않고 내보내야 했다. 세입자와 언성을 높이고 싸우는 일은 정말 하고 싶지 않았다. 이런저런 궁리 끝에 다음 날 세입자에게 전화를 했다. 그는 홀라를 치는 사람답지 않게 차분한 목소리로 전화를 받았다.

"정말 죄송한데요. 제가 직장 때문에 근처로 이사를 가게 됐어요. 집을 좀 비워주실 수 있을까요? 정말 죄송하게 됐어요."

나는 최대한 정중하고 공손하게 부탁을 했다. 의외로 상대방도 쿨하게 나왔다.

"아. 그래요? 어쩔 수 없죠, 뭐. 직원들과 한번 상의해볼게요."

그의 덤덤한 태도는 다소 놀라웠다. 의외로 일이 잘 풀릴 수 있겠단 생각이 들었다.

드디어 이사를 나가기로 한 날짜가 다가왔다. 마음이 편치 않았다. 며칠 전 걸려온 세입자의 뜬금없는 전화 때문이었다.

"이번 주말에 이사하는 거 아시죠? 그쪽 사정으로 나가는 것이니 이사비는 주셔야 할 것 같네요."

"네? 이사비요?"

"당연하죠. 저희가 잘못해서 나가는 건 아니잖습니까!"

"처음 통화할 땐 그런 말씀 안 하셨잖아요. 전 생각도 못했네요. 도대체 얼마를 달라는 건가요?"

"그래도 150만 원은 주셔야죠."

"네? 150만 원이요? 한 달 월세가 120만 원인데, 150만 원을 이사비로 달라고요?"

이건 분명 시나리오에 없는 상황이었다. 서로 간의 입장 차를 줄이지 못한 우리는 이사 당일 만나 담판을 짓기로 했다. 결전의 날이 왔다. 예상대로 분위기는 살벌했다. 짐을 다 싸놓은 세입자는 이사비를 주지 않으면 절대 못 나간다며 내가 오기만을 벼르고 있었다.

점심시간에 간신히 짬을 내 이사 나가는 오피스텔을 찾았다. 산적 같은 외모의 남성이 떡하니 버티고 서 있었다. 나도 질 수 없었다.

"무슨 이사비요? 저는 분명히 못 드린다고 말씀드렸는데요. 그리고 밀린 월세는 어떻게 하실 건가요? 두 달 동안 안 내셨는데, 그건 보증금에서 빼고 드리면 되는 거죠?"

그토록 원치 않던 대치 상황이었다. 처음엔 조곤조곤 얘기를 시작했던 목소리 톤이 높아지기 시작했다. 씩씩거리며 한 해 동안 내야 할 화를 이날 다 내버린 듯했다.

그때 나의 부동산 사부 수정 언니의 얼굴이 떠올랐다. 다급한 목소리로 언니에게 전화를 했다. 자초지종을 들은 언니는 단호히 말했다.

"성 기자, 거기서 그런 사람들하고 쓸데없이 기 싸움해봤자 남는 건 하나도 없어요. 돈 몇 십만 원 가지고 자존심 싸움할 때가 아니에요. 그냥 50만 원 줘서 내보내세요."

한마디로 이 상황을 정리하는 언니의 얘기를 듣는 순간, 맥이 딱 풀렸다. 전적으로 언니의 말이 맞았다.

이사비 몇 십만 원 때문에 이토록 감정 소모를 할 필요가 없다. 내가 먼저 숙이고 들어가야겠다고 판단했다.

"저기, 아저씨. 적당히 해결하는 게 좋을 것 같은데 30만 원으로 타협하는 건 어때요?"

"아니. 처음에 150만 원 불렀는데 30만 원은 너무하죠."

"그럼, 50만 원 어떠세요? 보니까 짐도 거의 없던데요."

살짝 망설이던 그는 안 받는 것보다 낫겠다고 생각한 듯했다.

"그럼, 50만 원이라도 주세요."

한 치의 양보도 없이 극으로 치달았던 대치전은 이렇게 싱겁게 끝나버렸다.

나는 근처 은행으로 가 입금을 했고, 그는 짐을 빼 이사를 갔다. 산적 같은 그놈이 우리 집에서 사라진 뒤, 나는 방전된 배터리처럼 온몸의 힘이 쫙 빠져나갔다.

그야말로 엄청난 감정 소모였다.

월세 관리,
혼자선 결코 녹록지 않은

아주 잠깐이지만 '남자 덕 좀 보자'는 유혹에 빠진 것도 심신을 녹초로 만드는 월세 관리 때문이었다. 어쩌면 그와 가까워진 이유도 기댈 곳이 필요했던 것 같다. 뭔가 답답한 속내를 털어놓을 누군가가 있었으면 좋겠다는 생각을 했다. 게다가 그가 나보다 한 수 위라면 더할 나위 없이 좋겠다고 상상했다.

그와 나를 이어준 끈은 부동산이었다. 우연한 술자리에서 만난 그는 주로 권리 관계가 복잡한 특수 물건을 다루는 부동산 사업을 했다. 대부분 나 같은 잔챙이 개인 투자자들은 손도 못 대는 큰 물건들이었다. 그는 부동산업계에서 보기 드물게 젊은 여자가 경매를 한다는 사실에 신기해했다. 나 또한 그의 부동산 사업에 대해 궁금한 점이 많았다.

하지만 우리의 첫 만남은 무미건조했다. 사적인 저녁 자리에서 그의 명함을 받은 후에도 한동안 잊고 지냈다. 우리는 각자 일에 너무나 바쁜 사람들이었다.

상대방이 먼저 연락을 하긴 했지만, 그보다 더 바쁜 내 스케줄 때문에 우리의 만남은 번번이 무산됐다. 그날 역시, 미리 약속을 하고 만난 건 아니었다. 내가 부동산 관련 문의가 있어 그에게 전화를 했고, 그는 기다렸다는 듯 모든 약속을 취소하고 달려왔다. 사무적인 질문들을 쏟아내는 내게 그가 제안했다.

"뭐야? 만나자마자 일 얘기만 하고. 오랜만에 우리 진짜 어렵게 만났으니까, 오빠라고 부를 만큼 친해지도록 하자."

나는 뚱한 표정은 지었지만, 아주 싫은 것은 아니었다. 다만 '오빠'라는 호칭에는 알러지가 있어서, 그 호칭만은 쓰고 싶지 않다고 생각했다.

청담동 분위기 좋은 와인바. 그는 내가 좋아하는 '라임 모히또' 두 잔을 시켰다. 고급 대리석 테이블에 그의 얼굴이 비쳤다. 장식이 현란한 잔을 응시하며 그는 자신에 대한 이야기를 시작했다.

그는 꽤나 흥미로운 경력의 소유자였다. 어머니께서 꽤 오랫동안 부동산 투자를 하셨고, 그 역시 지금 내가 하고 있는 부동산 투자를 나보다 더 어린 나이에 경험했다는 것이다.

게다가 알고 보니 그는 자상한 서울 남자였다. 그에게서 듣는 부동산 스토리는 꽤나 흥미로웠다. 점점 빠져드는 나의 동공이 커지기 시작했다.

"근데 월세 받는 일이 진짜 쉽지 않은 거 같아요. 이것저것 신경 쓸 일도 많고요. 제가 너무 감당 안 되게 많이 벌려놓은 것 같기도 하고요. 얼마 전에 곰팡이 핀 여수 아파트에 갔다 왔는데, 외벽 공사까지 해야 할 걸 생각하니 스트레스가 이만저만이 아니네요."

"공사? 그거야 하면 되지! 내가 볼 때 선화, 넌, 부동산에 딱이야! 원래 너처럼 꼼꼼하게 돌다리도 두드려보는 성격이 부동산 투자도 잘하는 거라구."

"하하하. 당연하죠. 제가 기사 취재하듯이 부동산 투자했거든요."

그의 칭찬에 꿀꿀한 기분도 싹 가시는 듯했다. 그는 내가 부동산 얘기를 할 때면 눈에서 초롱초롱 빛이 난다고 했다.

서로에게 공통의 화젯거리가 있다는 건 참 유쾌한 일이라고 생각했다.

하지만 주변 사람들은 그를 탐탁지 않게 여겼다. 속내를 털어놓는 수정 언니의 반대가 심했다.

"성 기자, 그 사람하고 결혼하려면 만일의 경우 이혼도 염두에 둬야 할 것 같아. 그 사람이 돈도 많고 여자 나오는 술집 자주 다닌다면서? 그럼 뻔해."

40대 중반인 언니는 인생의 많은 것을 깨칠 나이였다.

"내 친구 중에 빌딩 몇 채씩 가진 남자랑 결혼한 친구가 있어. 남편이 워낙 술집에 다니니깐 나중에는 친구가 집에서도 술집 여자처럼 하고 있더라고."

슬픈 예감은 언제나 적중한다. 어쩌면 그와 나는 첫 단추부터 잘못 끼워졌는지도 모른다.

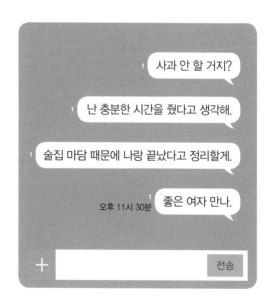

짧은 문자로 관계를 정리했다. 참을 만큼 참은 것이다. 예상대로 그에게선 답문이 없었다.

2주 전 새벽. 아직도 그날의 논현동 그 룸살롱이 눈앞에 그려졌다.

"어유~~. 우리 성 기자님, 지금 약속 끝났어요? 오빠도 1차 약속 끝나고 2차로 룸에 왔어. 여기로 올래? 지난번에 본 사촌 동생이랑 있었던 곳."

아직도 이해할 수 없는 점은 그날, 하필 왜 나를 여자들이 나오는 룸으로 불렀냐는 것이다.

'사회생활을 하다 보면 그럴 수도 있지 뭐.'

긁어서 부스럼 만들지 말고, 그냥 좋게 넘기려 했다. 그때 새끼마담으로 보이는 여자가 들어왔고, 혀가 살짝 꼬인 그가 말했다.

"인사해. 나랑 친한 마담이야."

순간 뚜껑이 열렸다. 더 이상은 못 참겠다고 생각했다.

"방금 뭐라고 했어? 내가 술집 마담한테 인사할 군번이야?"

나는 '술집 마담'과 '군번이야'를 한 자 한 자 또박또박하게 물었다.

"야! 너 지금 술집 마담 무시했냐?"

그는 적반하장으로 화를 버럭 냈다. 내 참을성의 한계는 여기까지였다. 살벌한 분위기를 파악한 언니들이 주르르 방을 빠져

나갔다. 10여 분간 고성이 오갔다.

부질없고 무의미한 대화들이었다. 내가 먼저 자리를 박차고 나왔다. 집으로 돌아와 그의 번호를 깔끔히 지워버렸다. 치밀어 오르는 분노는 쉽게 사그라들지 않았지만, 다음 날 아침 출근을 위해 잠을 청했다.

이튿날 최악의 컨디션으로 일에 집중했다. 점심시간이 다가오자 모르는 번호로 전화 한 통이 걸려왔다.

"선화야, 아직 화 안 풀렸어? 그래서 오빠 미워?"

그가 장난치듯 애교를 부렸다.

"오빠도 잘 알다시피 나는 쥐꼬리만 한 월급을 받자고 밤낮없이 쉬지도 않고 일해. 이건 정말 심각한 가치관의 문제야."

정색을 하고 쏘아대는 내게, 그는 또다시 장난스런 말투로 말했다.

"짧은 시간 동안 그렇게 많은 생각을 했어?"

"진심으로 나와 화해하고 싶다면, 어제 그 술집 여자들이 보는 앞에서 정식으로 사과해."

그와의 악연 이후 '남자의 돈'에 대해 생각했다. 아무리 돈이 많아도 맨날 비즈니스 핑계로 룸살롱에 들락거리고, 여자 문제로 속 썩이는 남자와 결혼을 해야 할까? 좋은 집안도 마찬가지다. 집안 좋은 남자를 만나면 여자에게 요구 사항도 많아진다.

과연 돈 많고 집안 좋은 남자가 항상 최선일까?

　세상에 공짜란 없다.

　돈 많고 집안 좋은 남자는, 그에 상응하는 대가가 따르게 마련
이다.

무죄,
곰팡이집의 변신은

.
.
.
.

나는 여수를 좋아했지만, 정작 여수 사람들은 서울에서 온 나를 크게 반기지 않았다. 여수 곰팡이집의 1차 현장 답사에서 정말이지 당혹스러운 경험을 했다.

"도대체 이 곰팡이가 왜 생기는 건지 모르겠네요. 윗집에 문제가 있지 않을까요?"

현지 누수업자를 수소문해 불렀다. 전화를 해서 부른 지 30분 만에 나타난 그는 언니와 나를 위아래로 훑어봤다. 탐탁지 않은 기색이 역력했다. 그는 건성으로 집을 쓱 훑어보더니 사라져버렸다. 간다는 말도 없이 그냥 사라진 그에게 다시 전화를 걸었다.

"제가 할 수 있는 게 없는 것 같네요."

전화를 뚝 끊어버렸다. 황당하기 짝이 없었다.

하는 수 없이 여수 곰팡이집은 여수 지역에 연고가 있는 지인에게 부탁을 하기로 했다. 마침 순천이 고향이라던 지인 분이 떠올랐다.

"혹시 여수 쪽에 아는 인테리어 사업자가 있으세요? 여수에 아파트를 낙찰받았는데 곰팡이 때문에 아주 골치가 아프네요."

그에게 여수 곰팡이 아파트와 관련된 일들을 털어놓으며 하소연을 했다.

"저는 여수 앞바다도 예쁘고 날씨도 따뜻하고 해서 내려왔는데, 외지인이 와서 투자를 하는 게 여수 사람들은 영 마음에 안 드나 봐요."

"아니, 성 기자가 어째 여수까지 내려와서 경매를 한 거야? 연고가 있는 것도 아닌데. 여수 사람들이 텃세가 좀 있긴 하지. 하하. 내가 한번 알아볼게요."

다행히 그는 여수에 큰 병원을 운영 중인 회장님을 잘 안다고 했다. 서 회장님께선 병원의 시설을 담당하는 사업자를 소개해 주셨다.

"회장님께 말씀 잘 들었습니다. 지금 곰팡이집 상태가 심각하다고요. 사람이 살 수 있는 새 집으로 만들어줄 테니까 걱정 마십시오잉."

목소리가 시원시원하게 화통한 공사업자와 통화를 했다.

'사람이 살 수 있는 집으로 만들어주겠다니!'

두 손을 허공으로 뻗으며 깡총 뛰었다.

'야호! 드디어 해결이다!'

그제야 한숨이 놓였다. 기대 이상으로 일이 일사천리로 진행되는 듯했다.

그는 장맛비가 그치는 대로 본격적으로 외벽 공사를 시작해 최대한 빠른 시일 내에 끝내겠다고 장담을 했다. 이 곰팡이집의 문제는 외벽의 갈라진 틈이었다. 워낙 오래된 아파트다 보니 이 틈을 타고 빗물이 새어 들어 곰팡이가 생긴다는 것이었다. 집주인이 직접 전화를 걸어도 꿈쩍 않던 관리 사무소였지만, 여수 사람인 그의 한마디에 쉽게 해결됐다.

"여수 사람들은 동쪽에서 에헴 기침을 해도 서쪽 사람들이 다 알 정도로 서로 가까이 지냅니다."

공사업자는 서로 간의 친분을 자랑했다. 그는 관리 사무소 사람들과도 안면이 있는 듯했다.

'역시 지방 사정은 현지 사람들이 제일 잘 아는구나. 확실히 지방 투자는 연고가 있어야 편하겠구나.'

지방 투자에 있어 연고의 중요성을 뼈저리게 느낀 순간이었다.

덕분에 한동안 여수 곰팡이집은 까맣게 잊고 지냈다. 공사가 잘 진행되는지 공사업자는 따로 연락이 없었다. 한 달쯤 지났을까, 그에게서 전화가 걸려왔다.

"어휴, 사모님. 집에 가보니까 상황이 생각보다 심각하더라고요. 인제 거의 공사 끝났습니다. 베란다 새시, 부엌 싱크대, 화장실까지 싹 다 공사했습니다. 이번 주 내로 끝낼 수 있을 것 같습니다."

"아, 네. 정말 감사합니다. 공사비는 얼마쯤 나올까요?"

"공사비는 500만 원만 보내주시면 됩니다."

"네? 500만 원이요? 13평짜리 낡은 아파트 공사에 500만 원이나 든다고요?"

깜짝 놀란 나의 질문에 그는 버럭 화를 내기 시작했다.

"아니, 그렇게 말씀하시면 섭섭하죠. 직접 한번 와보세요. 완전 새 집입니다. 완전 새 집."

"네……. 알겠습니다. 그럼 공사비 내역서 서류 좀 부탁드릴게요. 나중에 양도 소득세 낼 때 공제를 받을 수 있어서요."

"아니, 공사비 내역서라뇨? 그런 게 왜 필요합니까? 우린 그런 영수증 가지고 일해본 적 없습니다. 회장님 소개라서 특별히 신경 썼는데, 서울 사람들하고는 진짜 일 못하겠네요. 나야 공사비 500만 원 있어도 살고 없어도 살지만, 진짜 이런 식으로는 일 못

합니다."

그는 '영수증' 얘기에 유독 민감하게 반응하며 전화를 끊었다.

'공사비 영수증을 끊어달라고 한 게 정말 잘못한 일일까?'

그와 전화를 끊고 어안이 벙벙해 한참을 서 있었다. 영수증 한마디에 나는 깐깐한 서울 사람이 된 것이다. 며칠 뒤 그에게서 다시 전화가 왔다. 그의 목소리는 다소 차분해져 있었다. 결국 세금 계산서를 끊어주겠다고 했다.

"공사를 워낙 잘해놔서 지금 당장 집을 사겠다는 사람이 있는데요. 4,500만 원에 팔 생각은 없나요?"

"4,500만 원이요?"

"집이 팔리면 거기서 공사비 500만 원을 주면 되지 않겠소?"

그는 내가 공사비 500만 원이 없는 걸로 생각한 듯했다. 나는 1,000만 원 가까이 오른 매매가에 구미가 당기긴 했지만, 한번 생각해보겠다고 말한 뒤 전화를 끊었다.

며칠 동안 골치 덩어리 여수 아파트를 차라리 팔아버릴까도 생각해봤다. 하지만 한 가지 놓친 부분이 있었다. 바로 양도 소득세다. 구입한 지 1년 미만의 아파트를 매도할 경우 양도세가 무려 50퍼센트에 달했다. 반면에 2년 이상만 보유하면 일반 세율인 8퍼센트로 떨어졌다. 결국 1년 정도 더 월세를 받은 뒤 여수 곰팡이집을 팔기로 했다.

공사가 다 끝났다고 연락이 온 지 2주가 지나서야 새 집을 내 눈으로 직접 확인할 수 있었다. 그렇게 큰소리를 펑펑 쳤는데, 얼마나 달라졌을까, 기대감에 부풀어 올랐다.

드디어 문을 여는 순간, 내 눈을 의심할 정도였다. 거무튀튀한 곰팡이는 온데간데없고 깨끗하게 도배된 천장과 거실, 방이 눈에 들어왔다. 도저히 쓸 수 없을 것 같았던 화장실은 깔끔하게 수리가 됐고, 싱크대도 새것으로 교체돼 있었다. 이번 공사의 하이라이트는 밖에서도 하얗게 보이는 베란다 새시였다. 보기 싫게 녹슬었던 베란다 새시가 새 집처럼 깔끔해져 있었다.

동네 아주머니들은 또다시 평상에 앉아 서울내기들을 구경했다. 아파트 인근 공인 중개사를 불러 집을 보여주자, 그는 집수리가 워낙 잘돼 금방 월세가 나갈 것 같다고 장담을 했다.

서울로 올라오는 길, 제발 좋은 세입자가 들어오기를 간절히 기도했다.

동업자 정신,
셀프 리모델링을 함께하는

월세 관리의 최대 고비는 셀프 리모델링이었다. 남들이 쉽게 말한다고 함부로 따라해선 곤란하다. 원래 무식하면 용감한 법이다.

"샹들리에를 달면 신혼부부가 들어와요."

"다른 집은 안 나가도 우리 집은 잘 나가요. 헌 집도 수리만 잘해놓으면 얼마든지 새 집처럼 될 수 있어요."

아들만 셋. 다둥이 엄마 김유라 씨와의 만남은 신선한 자극이 됐다. 전업 투자자인 유라 씨는 헌 집을 싸게 사서 새 집처럼 리모델링을 한 뒤 시세 차익을 내는 투자를 했다. 이런 고도의 셀프 리모델링 기술로 지난 2년간 단 한 번의 실패도 없었다는 것이다. 무엇보다 '다른 집은 안 나가도 우리 집은 나간다'는 말에 완전히 필이 꽂혔다.

'그래. 맞아! 그동안 왜 셀프 리모델링은 생각하지 못했을까?'

그때 마침 가산동 오피스텔의 계약 만기가 돌아올 예정이었다. 사무실로 사용했던 작은 여행사가 계약 만기보다 한 달 먼저 나간다고 했다. 절호의 찬스가 왔다고 생각했다.

가을의 문턱을 이제 막 넘은 10월 말. 나는 셀프 리모델링 의지를 불태웠다. 주말을 앞둔 금요일 저녁. 퇴근 후 을지로 입구 도매상으로 가 샹들리에, 페인트, 붓 등 셀프 리모델링에 필요한 도구들을 장만했다. 구체적인 계획이 있었던 건 아니다. 일단 몸으로 부딪혀보는 게 내 스타일이다.

"26평 오피스텔인데 거실은 연두색으로 할까 해요. 어떤 페인트가 좋을까요?"

"전에 페인트칠해본 적 있으신 거죠?"

"아뇨. 이번에 처음 해보는 거예요."

"아가씨 혼자 한다고요? 힘들 텐데……. 페인트칠을 할 때는 붓에 페인트를 골고루 잘 묻혀줘야 해요."

페인트 가게 아저씨는 직접 붓을 들고 빨판에 문지르는 시범을 보였다. 그는 왠지 내가 걱정스러운 듯했다.

"26평이면 페인트 한 통으로 충분한 거죠?"

"모자랄 것 같은데 한번 해보고 더 사러 오세요."

밤 9시. 셀프 리모델링에 필요한 연장들을 바리바리 챙겨 오피스텔로 왔다. 급한 대로 거실 벽부터 페인트칠을 시작했다. 바닥에 페인트가 묻지 않도록 마스킹 테이프를 붙이고 붓에 페인트를 묻혀 문지르기 시작했다.

한 번, 두 번, 붓칠을 하는데, 깔끔한 느낌이 아니었다. 보기 싫은 얼룩들이 남았다. 군데군데 빈 얼룩을 메우기 위해 칠했던 곳을 여러 번 다시 칠했다. 처음엔 한 손으로 하다가 너무 힘이 들어 두 손으로 했다. 그러다 다시 한 손으로 했다가 또다시 두 손으로 바꿨다. 혼자 끙끙거리다 보니 시간이 벌써 12시가 훌쩍 넘었다. 한 발짝 떨어져 지금까지 칠한 거실 벽을 쳐다봤다.

'휴~~~~.'

긴 한숨이 나왔다.

'도대체 이걸 언제 다 칠하지?'

고작 3시간 일했을 뿐인데 삭신이 쑤셔왔다. 그래도 페인트칠은 중독성이 있었다. 아무 생각 없이 칠에 집중하다 보면 시간은 잘도 갔다. 어느새 새벽 3시가 다 됐다. 아직 거실 한쪽 벽면도 다 칠하지 못했다.

'오늘은 더 이상 못하겠다.'

졸린 눈을 비비며 운전을 해 집으로 돌아왔다. 씻지도 못하고 곯아떨어졌다가 아침에 눈을 뜨자마자 다시 오피스텔로 향했다.

주말 내내 페인트칠을 했지만, 거실 벽도 끝내지 못했다. 회사 일이 바쁜 주중에는 도저히 짬이 나질 않았다. 한 주도 쉬지 않고 한 달 이상 셀프 리모델링에 매달렸다. 셀프 리모델링 5주째에 접어들던 12월 초. 어김없이 오피스텔을 찾아 페인트칠을 하는데 울컥하며 눈물이 났다.

'과연 이 리모델링 끝이 날까?'

'아…… 내가 왜 겁도 없이 함부로 덤볐을까?'

몸이 힘드니 짜증과 서러움이 동시에 밀려왔다. 처음 페인트칠로 시작한 셀프 리모델링은 거의 집 개조 수준으로 바뀌었다. 거실은 물론 방과 현관까지 페인트칠을 다 했고, 모든 등을 전부 LED로 교체했으며, 심지어 방문도 전부 새로 칠했다. 창틀까지 집 안을 싹 다 새로 칠했다는 게 정확할 정도였다.

진심으로 셀프 리모델링만 끝나면 이 모든 고통을 한꺼번에 보상받을 줄 알았다. 하지만 리모델링이 끝나고 한 달이 지나도록 집이 나가질 않았다. 어느새 크리스마스 징글 벨 소리가 들렸고, 새해맞이 해돋이를 했다.

'아, 진짜 미치겠네. 왜 집이 나가지 않을까? 뭐가 잘못된 거지?'

분명히 나는 전문가들의 의견을 충실히 따랐다. 샹들리에를 달면 신혼부부가 들어온다기에, 청계천에서 현금가로 어렵게 사서 달았고, 창틀과 손잡이만 바꿔도 집 분위기가 달라진다고 해, 일일이 페인트칠을 하고 손잡이도 바꿨다. 집에 향기가 좋아야 잘 나간다고 해서 방향제까지 사서 군데군데 데코레이션을 했다.

이렇게 할 수 있는 최선을 다했는데, 집이 나가질 않았다. 마지막 화장실 공사를 위해 오피스텔을 찾은 박 사장님께선 대뜸 이런 말씀을 하셨다.

"아니, 성 기자, 집을 왜 이렇게 했어? 그냥 놔두는 게 더 나을 뻔 했네? 하하."

그땐 평소 농담을 자주 하시는 박 사장님이 또 농담을 하시는 줄 알았다. 그런데 나중에 지나고 보니 그 말이 농담이 아니었다.

집을 내놓은 부동산에 물어보니 하나같이 빨간 포인트 장미가 너무 튄다고 했다. 또 다른 부동산은 법인 사업자들이 쓰기엔 인테리어가 너무 아기자기하다고 했다. 충분히 예쁜 집이었지만, 호불호가 확실히 엇갈리는 인테리어였다. 초록색 포인트 벽과 노란색 화장실문, 붉은 장미 포인트는 충분히 부담스러울 수 있었다.

기존에 우리 집을 썼던 세입자는 작은 여행사였다. 한 달에 100만 원 이상 월세를 낼 수 있는 개인들은 많지 않았다. 입주를 기대했던 신혼부부는 더더욱 없었다.

그런데도 우리 집은 누가 봐도 신혼집인, 그러니까 '내가 살고 싶은 집'이었던 것이다.

연말 비수기까지 겹쳐 새 단장을 한 오피스텔은 두 달 가까이 세입자를 찾지 못했다. 어느새 해가 바뀌고 추위가 조금 누그러진 1월 중순. 드디어 우리 집을 쓰겠다는 사람들이 나타났다. 지방에 본사가 있는 직원들의 숙소로 쓰고 싶다고 했다. 나이가 지긋한 중년 남성 두 명이었지만, 깔끔하게 수리된 화장실이 마음에 든다고 했다. 게다가 보증금과 월세도 더 올려서 주겠다는 것이었다.

'아…….. 얼마나 오래 기다린 세입자들인가!'

그동안의 고생에 눈물이 났다.

나중에 누군가를 만나면 꼭 같이 셀프 리모델링을 해봐야겠다고 결심했다. 싸우지 않고 무탈하게 셀프 리모델링을 마친다면, 우리 앞에 두려울 건 없다. 그와 나는 인생의 영원한 동반자가 되기에 충분하다.

방해꾼,
달콤한 이직 휴가를 망친

．
．
．
．

역사를 바꾼 사건들도 시작은 아주 사소했다. 7년을 몸담았던 나의 이직 역시 그랬다. 100일 프로젝트를 담은 『월세의 여왕』이 1년 만에 세상으로 나온 직후였다. 무려 400페이지에 달하는 두꺼운 책이 나오는 동안, 나는 출산이나 한 것처럼 탈진해버렸다. 출판 이후 모든 광고, 홍보 일정은 출판사로 위임했다.

사단은 경쟁사에 먼저 나간 책 광고 때문이었다. 책의 저자인 나도 경쟁사에 먼저 나간 책 광고를 모르고 있었다. 회사 선배의 전화를 받고서야, 걷잡을 수 없을 만큼 일이 커진 걸 알았다.

"네가 얼마나 회사를 우습게 봤으면 출판사에서 경쟁사에 먼저 광고를 내겠냐?"

잠잠했던 부서에 또 한바탕 소용돌이가 불어닥쳤다.

'그래. 우리의 인연은 여기까지구나! 그동안 기자 성선화로 키워줘서 고마웠다!'

나는 그동안 지푸라기 끈처럼 이어져온 인연 줄을 끊어야 할 때가 왔다고 직감했다. 사표를 쓰고 편집국을 한 바퀴 돌며 인사를 했다. 지난 7년의 회한이 한 줄 눈물로 흘렀다. 그렇게 구박하던 선배가 말했다.

"성선화! 헤어진 남자친구한테 가장 큰 복수는 보란 듯이 예뻐지는 거야!"

'그래. 예뻐지면 좋겠지. 하지만 난 지금 아무것도 하고 싶지 않다. 정말.'

첫 직장을 그만두고 생애 처음 백수가 됐다. 내 인생의 대박이라 착각했던 남자도 정리했고, 매달 과분하게 받았던 월급도 끊겼다. 이 모든 것들이 사라지면 인생이 끝날 줄 알았는데, 희한하게도 난 아무렇지 않았다. 억지로 끊는 인연이 아닌, 끊어져야할 연이 끊어질 땐 이처럼 모든 게 손쉬운 것이다.

하지만 사주에 일복은 타고난 듯했다. 새 출발의 기회는 생각보다 빨리 찾아왔다. 입사 후 처음 모셨던 부장님의 소개로 한달 뒤 다른 언론사로의 출근이 확정됐다.

7년 만의 달콤한 이직 휴가. 그동안 마음 편하게 푹 쉬어본 적이 단 한 번도 없었다. 게다가 한 달 이상 쉬어본 건 그때가 처음이었다.

하지만 그해 여름. 그 어느 때보다도 바쁜 나날을 보냈다. 정말이지 정신이 하나도 없었다. 몸은 제주도 삼다수길을 걷고 있었지만, 내지르는 전화 목소리는 서울까지 들릴 정도로 쩌렁쩌렁했다.

"그러니까 전세 계약자 이름이 뭐냐구요? 계약자 이름을 알려주세요!!!"

제주도 오름 한복판에서 전화기를 붙들고 공인 중개사와 씨름했다. 휴가까지 와서 임차 문제로 씨름을 해야 하다니……. 울화통이 치밀어 올랐다.

2년 전 분양받았던 가양동 오피스텔의 입주가 벌써 다가온 것이다. 그동안 조금이라도 프리미엄을 붙여 팔려는 시도는 했지만, 되레 마이너스 피가 붙은 상황이었다. 결국 원치 않게 준공까지 시간을 끈 것이다. 애당초 투자 시나리오에는 없는 일이었다.

2년 전 약속된 수익률만 보장됐어도 이렇게까지 화가 나진 않았을 거다. 입주를 앞둔 시점. 공급 물량이 쏟아지면서 보증금과 월세는 하염없이 주저앉았다. 분양업자들은 보증금 1,000만 원에 월세 65만 원을 호언장담했지만, 정작 뚜껑을 열어보니 월세는 커녕 전세로 넘겨야 할 판이었다. 준공 후 3주간 공실이 계속되자, 전세로 넘기려고 계약금을 받아놓은 상태였다.

"아, 사모님, 안타깝네요. 우리는 9,500만 원에 전세 손님이 있는데요. 혹시 계약자 이름으로 계약금이 들어왔나요?"

이미 전세 9,000만 원에 계약하기로 했는데, 다른 부동산에서 전화가 온 것이다. 500만 원을 더 주겠다는 고객이 있는데, 지금 계약이 확실한 건지 물었다.

"계약금이 들어오긴 했는데, 그냥 614호 계약자라고만 들어왔어요."

처음부터 느낌이 좋지 않았다. 대부분 계약금은 세입자 명의로 들어오는데, 이번만큼은 그냥 '614호 계약자'라고만 찍혀 있었다.

'왜 계약자 이름이 아닌 '호수 계약자'라고 들어왔을까?'

물증은 없었지만 심증은 이랬다. 실제 손님이 없는 상황에서 부동산이 일단 싸게 전세 물건을 잡아놓은 것이다. 잔금을 치르고 입주를 하겠다고 한 기간은 2주나 남아 있었다. 현재 전세 시세가 9,500만 원이라면 9,000만 원 전세는 금방 나갈 게 뻔했다. 일련의 과정들이 퍼즐처럼 맞아 떨어졌다. 전세 계약을 한 부동산에 다시 전화를 했다.

"입주자 이름이 뭔가요?"

"사모님, 입주자 이름은 개인 정보이기 때문에 알려줄 수 없습니다."

어이가 없었다. 집주인이 세입자 이름을 알 수 없다는 건 말이 안 됐다. 전화를 끊고 걷던 길을 멈추고 또다시 문자 메시지를 보냈다.

"한 시간 내로 계약자 이름 알려주지 않으면 계약 파기합니다."

하루가 지나도 계약자 이름은 오지 않았다. 결국 계약을 파기했고, 보증금 3,000만 원에 월세를 35만 원까지 낮춰 다시 내놨다.

7년 만의 휴가 초반이 오피스텔 문제로 엉망진창이 돼버렸다. 이젠 좀 마음 편히 쉬어볼까 했더니, 또 훼방꾼 같은 문자 한 통이 날아들었다.

문자를 받은 시각은 새벽 6시. 불청객 같은 문자 한 통이 휴가지의 꿀잠을 깨운 것이다. 구산동 빌라의 관리비 독촉 문자였다.

'다른 시간도 많은데 왜 하필 꼭두새벽에 보낼까?'

아파트 같은 관리 사무소가 없다는 건 상상을 초월할 정도로 불편했다. 경비실이 따로 없는 빌라는 주민들이 조금씩 돈을 모아 스스로 관리를 했다. 집주인 입장에선 여간 귀찮은 일이 아니었다. 심지어 37년 된 재건축 대상 여수 아파트보다 신경 쓸 일이 많았다. 아주 사소한 문제만 생겨도 집주인에게 직접 연락이 왔다. 그제야 왜 다들 아파트, 아파트 하는지 알게 됐다.

게다가 지금 구산동 빌라는 두 달째 공실이었다. 시세는 2년 전 그대로였지만, 주변에 신축 빌라 공급이 늘면서 선뜻 들어오려는 사람이 없었다. 사실 그동안 책 쓰랴, 회사일 하랴, 정신이 없어서 신경을 못 쓴 부분도 있었다.

새벽 6시에 날아든 문자는 공실인 구산동 빌라를 다시 한 번 상기시켜줬다. 새 직장에 들어가 또 바빠지기 전에 서울로 올라가자마자 일대 부동산을 한번 돌아야겠다고 생각했다.

잠시 나는 임대업의 본질에 대해 생각했다.

그랬다.

투자는 한순간이지만, 관리는 평생이다.

임대업의 본질은 결국 감정 노동이다. 몸이 아니라 이래저래 사람들한테 치이는 감정 소모가 힘든 것이다.

덕분에 그해 여름, 7년 만에 찾아온 '이직 휴가'는 그렇게 흘러가버렸다.

월세 통장,
싱글의 자유를 허락해준

인생은 도돌이표처럼 돌아와 랑데부처럼 마주친다. 마음을 다
잡고 새로운 직장에서 새 출발을 다짐했다. 하지만 새 둥지에서
의 적응은 만만치 않았다. 이전 직장과 쌍둥이 같은 상황에 맞닥
뜨린 것이다. 한배를 탔지만 서로 다른 방향으로 노를 젓는 힘
빠지는 느낌. 열심히 해보려는 노력은 본의 아니게 오해를 낳았
고, 그 오해는 또 오해를 낳아 걷잡을 수 없는 산불처럼 퍼져버
렸다. 또다시 수렁 같은 깊은 슬럼프에 빠졌다. 무얼해도 의욕이
생기질 않고 축축 처지기만 하던 때였다.

계획에 없던 미국 뉴욕행은 즉흥적이었다.

"누나, 저예요. 미국 한번 놀러와요. 뉴욕에 한 번도 안 와봤다면서요. 그냥 편하게 오세요.「로마의 휴일」영화처럼요."

오랜만에 지인들과 연락을 하다가 군부대 취재로 알게 된 친구와 다시 메시지를 주고 받았다. 군복무 때문에 한국에 왔던 그는, 지금 미국 뉴욕에 있다고 했다. 꽤 오랜만에 다시 듣는 어린 친구의 목소리가 낯설지 않았다.

오드리 햅번과 그레고리 펙이 주연한「로마의 휴일」. 공주 신분인 오드리 햅번이 우연히 성 밖으로 나와 신문기자인 그레고리 팩과 사랑에 빠진다는 러브 스토리다.

봄바람에 흩날리듯 내 마음도 산들거렸다. 이미 벌써 태평양을 건너 뉴욕의 맨해튼 거리를 걷고 있었다. 그곳으로 가면, 뉴욕으로 가면, 목까지 차오른 늪 같은 내 인생에도, 볕들 날이 올 것 같았다.

'그래. 지금 아니면 언제 이렇게 훌쩍 떠나보겠어.'

어디에도 얽매이지 않은 30대 싱글. 이 자유를 만끽하고 싶었다.

그리고 내게 자유를 허락한 건 '월세 통장'이었다.

여행 경비를 궁리하다 그동안 잊고 지냈던 '월세 통장'을 떠올렸다. 원주 아파트 세 채에서 들어오는 월세는 월급 통장이 아닌 월세 통장에 모아두고 있었다. 월세가 들어오면 대출 이자가 나가는 시스템을 만들어놨기에 웬만해선 잘 열어보지 않았다. 여행을 가기 위해 통장을 열어보기 전까지도 얼마가 쌓여 있는 지조차 몰랐다. 별생각 없이 통장 잔고를 확인하고는 흐뭇한 미소를 지었다.

'와우, 제법인데. 이 정도면 충분히 갔다 올 수 있겠다.'

돈벼락이라도 맞은 것처럼 신이 났다.

세계 경제의 중심, 텔레비전에서만 보던 미국의 심장, 맨해튼에 대한 기대로 밤잠을 설칠 정도였다.

뉴욕행 비행기를 타고 10시간을 넘게 잠을 설치며 날아간 첫날. 엽서 같은 센트럴 파크의 풍광을 보며 여유롭게 마시는 블랙 커피의 맛은 감미로웠다.

"I'm in New York now."

마치 영화 속 주인공이 된 듯한 착각에 빠졌다. 뉴욕에서 나의 숙소는 타임스퀘어에서 5분 거리로 맨해튼의 한가운데였다. 마침 샌프란시스코에 머물던 친구의 소개로 한인 민박을 소개받은 것이다. 모던한 화이트 톤의 깔끔한 숙소에서는 포트 오소리티 터미널이 내려다보였다.

다음 날 숙소를 나서자 뉴욕의 찬 봄바람이 느껴졌다. 짧은 단발머리를 찰랑이며 브로드웨이 42번가 대로를 경쾌한 걸음으로 걷기 시작했다. 본격적인 자유 여행이 시작됐고, 나는 말로만 듣던 뉴욕 속으로 풍덩 뛰어들었다.

첫눈에 띈 것은 브로드웨이의 초고층 빌딩이었다. 중학교 영어 교과서에서 처음 이름을 접했던 유명한 빌딩들이 내 눈앞에 서 있었다. 무엇보다 '록펠러 센터' 빌딩을 보았을 때의 감회는 새로웠다.

몇 년 전, 방한했던 록펠러 주니어 5세를 인터뷰했었다. 그의 방한 내내 1박 2일 동행 인터뷰를 하며, 큰 부자의 삶의 태도에 대한 기사를 썼었다. 당시 그는 나중에 록펠러 센터로 한번 놀러 오라고 했었다. 문득 그가 생각났다.

'지금 그는 어디 있을까? 이 센터에 있을까?'

'아직도 전 세계 투자처를 찾아 돌아다니고 있을까?'

록펠러 센터에 올라 맨해튼 전경을 감상한 나는 다시 맨해튼 거리를 걷기 시작했다. 미국의 부동산 거부가 지은 '트럼프 타워' 앞에선 입이 쩍 벌어졌다. 황금빛으로 도배된 트럼프 타워는 입구부터 사람을 압도했다.

목이 꺾어질 정도로 높은 트럼프 타워를 바라보며 상상의 나래를 펼쳤다.

'뉴욕 맨해튼에 내 이름으로 된 이런 빌딩이 있다면, 도대체 어떤 느낌일까?'

'도대체 이 빌딩들의 임대료는 얼마인가? 수익률은 나올까? 얼마면 살 수 있을까?'

뉴욕 맨해튼은 아니더라도 전 세계 어디든, 자신의 이름이 새겨진 빌딩을 갖는다는 건 멋진 일이라고 생각했다.

하루 종일 맨해튼의 빌딩 숲을 헤맸다. 이국땅에서 홀로 맞이하는 밤 11시. 타임스퀘어의 화려한 전광판이 반짝이는 바에 자리를 잡았다.

'아. 피곤하다. 맥주 한잔하고 자면 딱! 좋겠다.'

걸어서 숙소로 돌아오는 길. '월세 통장'의 고마움에 대해 다시 생각했다.

'역시 돈이 좋긴 좋구나.'

이렇듯 경제력이 인간에게 주는 자유는 큰 것이다. 프로젝트 이후 내 명의로 된 부동산이 늘어나면서 일종의 경제적 해방감을 느꼈다. 무어라 딱 꼬집어 말할 순 없지만, 경제력에서 나오는 안정감이라고나 할까?

생각해보니 이젠 집 없는 남자라도 만날 수 있을 것 같았다. 과거처럼 남자의 조건에 연연하지 않고 사람에만 집중할 수 있을 것 같았다.

경제력이 오히려 사람을 순수하게 만든다는 생각을 했다.

'아마도 이것이 내가 지금 남자보다는 일에, 돈벌이에 더 집중

을 해야 하는 이유가 아닐까?'

내가 경제적으로 오롯이 설 수 있을 때, 원하는 남자도 만날 수 있다. 얼마 전 부동산 사부인 언니가 했던 말이 귓가에 맴돌았다.

"성 기자, 자신의 일을 위해, 성공을 위해 정진해보세요. 내가 성 기자라면 차라리 일을 더 열심히 할 것 같아."

나보다도 더 치열한 30대를 보낸 수정 언니는 '남자보다도 일을 향해 매진하라'는 현실적인 조언을 했다.

지금까지 일을 우선순위에 놓고 정진해온 나는 살짝 흔들리기도 했다.

'과연 언제까지 일을 먼저 선택해야 할까?'

회의감이 밀려왔었다. 혼자서 얼마나 더 갈 수 있을지 자신이 없었다. 이제는 다른 여자들처럼 남자 덕 좀 보면서 편하게 가고 싶다는 생각도 없지 않았다. 하지만 언니는 무소의 뿔처럼 혼자서 가라고 조언했다.

한국으로 돌아오는 마지막 날. 꼭 한 번 와보고 싶었던 브루클린 다리를 홀로 걸었다.

"성 기자, 자신의 일을 위해, 성공을 위해 정진해보세요."

언니의 목소리가 귓가에 맴도는 듯했다.

〈월세의 여왕 100일 프로젝트〉,
그 후 3년

⋮

생각해보니 『빌딩부자들』 책을 쓰고 〈월세의 여왕 100일 프로젝트〉를 시작한 지도 벌써 3년이 지났다. 의욕에 불타올라 미친 듯이 투자를 끝냈고, 부동산이라면 넌덜머리가 날 정도로 질려버렸다. 그동안 다섯 가지 종류의 부동산을 두루 거치면서 단맛과 쓴맛을 동시에 경험했다. 이쯤에서 투자를 멈춘 건, 부동산 투자의 어두운 이면을 너무 일찍 알아버린 것도 있지만, 여기서 더 들어가면 전업 투자자의 길로 들어서야 한다는 두려움이 더 컸기 때문이다. 나는 부동산업계의 꾼들처럼 전업 투자자가 되고 싶진 않았다.

그동안의 투자 성적표를 작성해보면, 총 여덟 건의 물건 중 손해를 본 건 하나도 없었다. 지방 아파트 네 건은 모두 조금씩 시세 차익을 내고 매도했고, 서울 수익형 부동산은 아직 모두 월세가 들어오고 있다.

처음 나의 목표는 현금 흐름(월세)이었다. 『빌딩부자들』에서 앞으로 시장은 시세 차익을 노리는 투자는 "끝났다"고 단언했었다. 하지만 나의 호언장담은 절반은 맞고 절반은 틀린 얘기였다. 월세만으로도 시세 차익만으로도, 어느 한 가지만으론 2퍼센트 부족했다. 결국엔 이 둘을 동시에 잡아야 했다.

지난 3년간 각종 비용을 제외한 월세 순수입은 4,680만 원이었다. 3년 수익률은 36퍼센트이고, 연 수익률로 환산하면 12퍼센트였다. 기준 금리 1퍼센트 시대에 연 투자 수익률 12퍼센트라면 투자를 안 하는 게 이상하다.

시세 차익도 만만치 않았다. 여수 아파트 시세 차익이 400만 원이었고, 원주 아파트 세 채를 합치면 500만 원 정도였다. 특히 지방 아파트는 1년 월세 순익이 적었기 때문에 시세 차익 수익이 훨씬 더 컸다.

월세 수입과 시세 차익 중에 정답은 없다. 각자의 스타일에 달린 것 뿐이다. 남들은 5년 이상 장기로 본다는 땅 투자도 1년 만에 파는 단기 투자자가 있고, 한 번 낙찰받은 벼창고를 20년 이상

보유하는 장기 투자자도 있다. 이처럼 투자엔 정답이 없다.

최근 또 다른 트렌드는 전업 투자가 아닌 직장과 병행하는 투자다. 불과 3년 만에 직장 생활을 하면서도 짬짬이 틈을 내 부동산 투자를 병행하는 '월급쟁이 투자자'들이 급증했다.

이들은 "직장을 다니면서 투자를 병행한다는 건 쉽지 않지만, 매달 고정적인 월급이 있다 보니 투자에 지나친 무리수를 두지 않는 게 장점"이라고 입을 모았다.

대학교 교직원 생활을 하면서 소형 아파트 투자를 하는 이종길 씨는 "앞으로도 직장을 그만둘 생각이 없다"고 했다. 무일푼으로 부동산 투자를 시작한 그는 직장 생활 11년 만에 월급만큼 월세를 받는 데 성공했다. 그는 "이제야 월급만큼 월세를 받는다"며 "땡전 한 푼 없이 밑바닥부터 시작했기에 돈이 모이는 속도가 참 더뎠다"고 말했다. 앞으로 3년 내 그의 목표는 월세 1,000만 원을 받는 것이다.

이 씨의 투자 비중은 전세와 월세가 7대 3정도다. 월세를 받는 아파트보다 전세를 끼고 매수한 아파트가 더 많다. 한때 두 자릿수를 훌쩍 넘을 정도까지 수를 늘렸지만, 현재는 점차 줄이고 있다고 했다.

그가 선호하는 아파트는 명확했다. 전세 만기가 1년 정도 남고, 실수요가 뒷받침되는 아파트다. 그는 "전형적인 서민 아파트를 투자 대상으로 한다"며 "매매가는 3억 5,000만 원 미만"이라고 말했다. 전세 만기가 돌아올 때쯤 파는 게 목표다.

주거용 부동산 투자에서 가장 중요한 변수는 번듯한 일자리다. 안정적인 직장을 다녀야 밀리지 않고 월세도 낼 수 있고, 전세가 오르면 내집 마련에 나설 수도 있다. 전국의 산업단지 자료는 한국산업단지공단 이클러스터www.e-cluster.net에 접속하면 쉽게 확인할 수 있다. 산업단지를 볼 때는 밀집도가 높은 지역부터 어떤 종류의 산업단지가 있는지, 산업단지에는 어떤 기업들이 있는지 등을 파악하면 된다.

수요만큼 중요한 것이 공급이다. 공급 물량은 각 지자체 홈페이지를 통해 확인 가능하며, 부동산114www.r114.com, 닥터아파트www.drapt.com, 네이버부동산land.naver.com 등에서도 알아볼 수 있다.

공급 물량을 파악할 때 주의할 점은 분양 후 입주까지의 '시차'다. 지금 분양을 한다면 최소 27개월 이후에 입주가 시작된다. 분양 물량을 체크할 때 1~2년 전 분양 물량도 함께 파악해야 한다.

다섯 가지의 부동산 투자를 통해 내린 결론은 역시 수익형 부동산의 꽃은 뭐니 뭐니 해도 '상가'라는 것이다. 강남 상가는 처음에 넣기는 힘들었지만, 한번 입점한 이후에는 신경 쓸 일이 거의 없어 편했다. 상가는 장사만 잘되면 월세 걱정이 없고, 신경 쓸 일도 훨씬 더 적다. 대신 상가는 주거용 부동산에 비해 투자가 훨씬 더 어렵다. 그리고 한번 망가진 상가는 되돌리기가 너무나 어렵기 때문에 항상 상권의 변화를 주시해야 한다.

이 때문에 상가 투자는 전문적인 교육 기관에서 제대로 된 교육을 받을 필요가 있다. 최근엔 상가만을 전문적으로 분석하는 민간 자격증까지 생겼다. 한국직업능력개발원에서 발급하는 상가분석사자격증이 바로 그것인데, 건국대 미래지식센터에서 운영 중인 이 과정은 수강생들의 평판도 좋은 편이다.

나 역시도 그동안의 투자 성적표를 정리하며, 괜찮은 상가 하나로 자산을 몰아야겠다고 결심했다. 나처럼 바쁜 직장인들에게는 단기 시세 차익보다는 장기 월세 수입을 올리는 상가 투자가 적합하다는 결론이다. 숫자를 늘리기보다는 규모의 경제로 하나의 우량 물건에 집중하는 게 낫겠다는 판단에서다.

전체 자산 포트폴리오에서 보자면 부동산 투자는 기본이 되는 '보험'과 같다. 따라서 전체 자산의 3분의 1은 안전한 부동산 자산으로 깔고 가는 게 맞다. 전 재산의 80퍼센트 이상이 부동산인 구조는 환금성과 수익률에서 떨어질 수 있다.

내 궁극적인 목표는 부동산, 금융, 현금을 각각 30퍼센트의 비율로 구성하는 거다. 다만 구체적인 목표 자산은 정하지 않기로 했다. 10억 원이든, 100억 원이든, 겉으로 드러나는 숫자는 큰 의미가 없다. 매 순간 최선을 다하면 대박의 기회는 오게 돼 있다. 그때를 기다리며 묵묵히 한 계단씩 체력을 비축하는 것이다.

'언젠간 수많은 빌딩들 중에서 내 이름으로 된 건물 하나는 짓고 말겠다.'

월급보다
월세가 좋다 2

전환

"재테크가 곧 인생이다."

새로운 도전,
금융에 눈뜨다

한국으로 돌아오는 비행기 안. 역시 여행은 힘이 세다고 생각했다. 30대 초반, 갈피를 못 잡고 흔들렸던 이유를 꿰뚫게 되자 마음이 한결 편해졌다. 더 이상 비겁하게 도망치지 말고 현실과 맞서 정면 돌파해야겠다고 결심했다. 두렵다고 도망칠 게 아니라 오롯이 나 자신으로 맞서야겠다고 다짐했다.

짧은 뉴욕 여행을 마치고 또다시 정글 같은 경쟁의 중심에 섰다. 언제 그랬냐는 듯 다시 일상의 쳇바퀴 속으로 빨려 들어갈 것이다.

이직을 하면서 선택한 금융부는 만만치 않았다. 건설부동산부와는 또 달랐다. 실체가 있는 부동산에 익숙했던 내게, 보이지 않는 금융은 갑갑증이 났다. 뼛속까지 경험주의자인 내게, 눈으로 확인할 수 없는 금융은 영 개운치가 않았다.

눈뜬장님마냥 지쳐갈 무렵, 금융이 피부로 와 닿는 사건이 발생했다. 이른바 '새마을 금고 부당 가산 금리 사건'이다. 〈월세의 여왕 100일 프로젝트〉 투자 물건 중 여섯 건이 경매다 보니, 새마을 금고, 지역 농협 등 상호금융권 대출이 많았다. 낙찰가의 80퍼센트까지 대출이 가능한 경락잔금대출을 주로 활용했는데, 시중 은행 등 제1금융권보다는 상호금융권의 대출상품이 더 많았다. 특히 새마을 금고의 경락잔금대출이 두 건이나 됐다. 처음으로 낙찰받은 가산동 오피스텔과 여수 아파트였다.

사실 여수 아파트의 경락잔금대출은 한 달 이자가 10만 원 정도로 부담이 크진 않았다. 하지만 낙찰가가 2억 원인 가산동 오피스텔은 대출이 1억 7,000만 원이나 됐다. 당시 연 6퍼센트대였던 대출 이자율로 계산하면 한 달 이자만 85만 원에 달했다.

처음부터 내던 이자라 별생각 없이 2년이 훌쩍 흘렀다. 그런데 어느 순간 이상하다는 생각이 들었다. 그동안 기준 금리가 두 차례나 떨어졌는데, 내 대출 이자는 변함없이 그대로였다. 아마 금융부에서 금리 관련 기사를 쓰지 않았다면 이상하다는 의문조차 갖지 않았을지 모른다.

한국은행의 기준 금리가 또 한 차례 떨어졌다는 기사를 쓰던 날. 2년 전 대출 서류를 다시 꺼내 들었다. 혹시 변동 금리가 아니라 고정 금리로 대출을 받았을지 모를 일이다. 하지만 내 기억에는 분명 기준 금리에 따라 움직이는 변동 금리였다.

다시 살펴본 대출 계약서에도 분명히 기준 금리에 영향을 받는 변동 금리라고 쓰여 있었다. 더 정확하게는 CDCertificate of Deposit 금리를 기준으로 한 변동 금리였다. 최근에는 COFIXCost of Funds Index, 자금조달비용지수 금리를 많이 쓰지만, 당시만 해도 CD 금리가 대부분이었다. 어쨌든 기준 금리가 변하면 CD 금리가 변하고, CD 금리가 떨어지면 내 대출 이자 역시 떨어지는 게 '정상'이었다.

그러나 기준 금리가 1퍼센트포인트나 떨어졌는데도, 내 대출 이자는 변함이 없었다. 도대체 상식적으로 이해가 되질 않았다.

꿈쩍도 하지 않는 대출 금리의 이유를 알기 위해 새마을 금고에 전화를 했다.

"△△ 새마을 금고 대부계죠? 대출 금리 좀 알아보려고 하는데요. 지난 2년 동안 기준 금리가 두 번이나 떨어졌는데, 제 대출 이자는 왜 그대로인가요?"

"잠시만요. 성함이 어떻게 되시죠?"

시중 은행권의 전화 응대와는 사뭇 다른 느낌의 직원이, 선뜻

답을 하지 못하고 뜸을 들였다.

"우리 금고에서는 기준 금리가 떨어졌다고 해서 바로 대출 금리가 떨어지지 않습니다. 이사회 의결 금리라고 따로 있어요. 거기에 따라 대출 이자가 결정되는 거죠. 그러니까 기준 금리하고는 상관이 없습니다."

"네? 분명히 대출 계약서에는 CD 금리를 기준으로 하는 변동 금리라고 돼 있는데, 이사회 의결 금리는 또 뭐죠?"

도무지 그의 설명이 이해가 되질 않았다. 변동 금리의 정의는 '기준 금리에 따라 대출 금리가 변한다'는 건데, 기준 금리와 상관이 없다니······.

"무슨 말인지 이해가 안 되네요. 변동 금리의 정의 자체가 기준 금리에 따라 변하는 거 아닌가요? 새마을 금고는 왜 이사회 금리라는 게 따로 있죠?"

격앙된 목소리로 조목조목 따져 물었다. 그제야 마지못해 '여신 조건 변경 약서'를 작성해 보내면 금리를 인하해주겠다고 했다. 그러니까 대출 금리를 인하하기 위해서는 고객이 직접 '금리 인하 요청서'를 보내야 한다는 것이다.

고객이 직접 금리 인하를 요구하지 않으면 고금리를 계속 받겠다는 건가? 정말이지 황당하기 그지없었다. 출입처인 새마을 금고 관계자에게 이유를 물었지만, 시중 은행과 달리 지역 단위

조합까지는 통제가 어렵다고 했다.

우물은 아쉬운 쪽이 파야 했다. 부랴부랴 그쪽에서 보내준 여신 조건 변경 약서를 작성해 우편으로 다시 보냈다. 그동안 부당하게 냈던 대출 이자 반환 신청서도 같이 제출했다.

며칠 뒤 서류가 접수되고 지금까지 부당하게 낸 대출 이자도 함께 입금됐다. 통장에 찍힌 액수를 보고 눈이 휘둥그레졌다. 반환금이 무려 100만 원을 훌쩍 넘겼다. 대출 금리도 내려가 대출 이자도 60만 원대로 뚝 떨어졌다. 월세는 그대로인데 대출 금리가 떨어지면서 월세 순익이 20만 원이나 늘어난 것이다. 그렇게 1년을 모으면 120만 원이 된다.

'내가 금융부 기자가 아니었다면……'

'대출 이자에 대해 신경을 쓰지 않고 있었다면……'

과연 이런 눈먼 돈을 받아낼 수 있었을까? 이제야 금융에 대한 감이 왔다.

눈에 보이지 않는다고 해서 멀리 있는 게 아니다.

나와 상관이 없을 것 같은 기준 금리 인하였지만, 사실은 매달 내가 내는 대출 이자와 밀접한 관련이 있었다.

한국은행이 기준 금리를 역사상 최저치인 연 1.5퍼센트로 내리던 그날. 평소 친하게 지내던 빌딩 오너 이 사장님이 전화를 했다.

"이 사장님, 이번에 기준 금리가 또 떨어졌네요. 이젠 정말 금리 1퍼센트 시대예요."

"당연히 알죠. 그것 때문에 기분 좋아서 전화했어요."

그때부터 나의 관심은 본격적으로 금융으로 옮겨가기 시작했다. 뜬구름 잡는 금융이 아닌, 생활 속의 금융을 파헤쳐야겠다고 결심했다.

그 누구도 내 돈을 대신 지켜주지는 않는다. 부동산이든 금융이든 피 같은 내 돈은 내가 지켜야 한다.

부동산의 투자 수익률은 대출 금리가 결정한다. 월세 20만 원을 올려 받는 것보다, 금리 1퍼센트 떨어뜨리는 일이 더 쉬울지도 모른다.

헛똑똑이,
줄줄 새는 통장도 모르는

．
．
．

사실 금융은 월세 통장의 백미였다. 월세를 받고 대출 이자를 낸 순익을 금융 상품에 투자하는 시스템이 월세 통장이다. 월세 통장의 금융 투자 목표 수익률은 연 7퍼센트였다. 2011년 당시만 해도 기본 금리가 연 4퍼센트 정도였고, 연 6퍼센트짜리 고금리 특판 상품들도 많았다.

지금 생각하면 연 7퍼센트는 엄청난 고수익이다. 금융에 대한 감이 없다 보니 연 7퍼센트를 쉽게 생각했다. 금융 투자를 마치 저절로 굴러가는 요술 방망이 정도로 착각한 것이다.

새마을 금고 부당 가산 금리 사건 이후, 머리띠를 질끈 동여

매고 지난 2년간의 '금융 성적표'를 떼봤다. 그 결과는 스스로가 한심해 입이 쩍 벌어질 정도였다. 그동안 이것저것 가입했던 상품들이 구멍 난 스타킹처럼 숭숭 새고 있었다.

'내가 다 가입했지만, 뭐가 이렇게 많냐.'

한숨을 푹푹 쉬며 가입한 상품들을 일일이 엑셀 파일로 정리했다. 매달 펀드와 적금으로 각각 30만 원과 65만 원씩을 넣고 있었다. 여기까진 괜찮았다. 한 달 보험 납부액을 확인하고선 동공이 튀어나올 듯 확대됐다.

한 달에 130만 원!! 정말이지 헉! 소리가 나왔다.

'아니, 무슨 보험을 이렇게 많이 든 거야?'

엄청난 액수에 돌아가실 지경이었다. 찬찬히 뜯어보니, 최저 보장이율이 적용되는 양로 보험과 10년 이후 비과세가 되는 변액유니버셜 보험에 각각 50만 원이었다. 나머지는 소득 공제가 되는 연금 저축 보험과 암 보험, 실손 보험 등도 30만 원이나 되었다.

그나마 이 정도는 견딜 만했다. 더욱 경악을 금치 못한 것은 변액유니버셜 보험의 수익률이었다. 가입한 지 2년이 다 돼 가는데 여전히 마이너스였다. 원금은 1,200만 원인데, 해지 환급률은 60퍼센트 밖에 되지 않았다. 지금 당장 해지하면 원금 1,200만 원 중 720만 원만 받을 수 있다는 얘기였다.

극도의 배신감에 치를 떨었다. 변액 보험과 양로 보험은 분명 믿을 만한 지인들을 통해 가입한 상품이었다. 이대로 그냥 방치해선 안 된다고 생각했다. 무언가 적극적인 조치가 필요했다. 먼저 변액 보험을 추천한 설계사에게 전화를 했다.

"진짜 오래만이야. 잘 지내지? 내 변액 보험 수익률 좀 물어보려고. 지금 가입한 펀드 중에 수익률이 마이너스 20퍼센트까지 떨어진 게 있던데. 전체 수익률도 마이너스 7퍼센트인가 그렇고. 이게 왜 이런 거지?"

"아, 그건 언니, 변액 보험은 원래 그래요. 원래 초기 사업비 때문에 7년 전까지는 원금 회복이 안 돼요. 변액 보험은 10년 지나면 비과세 혜택 받으려고 가입하는 상품이예요."

"그러면 마이너스 난 펀드는 그냥 내버려둬도 된다는 거야?"

"네. 펀드는 원래 자주 바꾸는 거 아니에요."

당연하다는 듯한 그녀의 설명에 고개를 갸우뚱했다. 수익률이 좋은 펀드도 분명히 있을 텐데, 왜 펀드 변경을 자주 하지 말라는 걸까? 게다가 왜 7년 전까지는 원금 회복이 안 된다는 걸까?

결국 다른 설계사의 상담을 받고서 '멍텅구리 변액 보험'의 진실을 알게 됐다. 그동안 나는 변액 보험에 대해 대단한 착각을 하고 있었다. 변액 보험도 보험의 한 종류니까 일반적인 보험처럼 가입하고 그냥 내버려두면 되는 줄 알았다.

하지만 변액 보험은 그야말로 이름만 보험이었다. 속은 철저히 수익률에 따라 움직이는 펀드였다. 앞에 붙은 '변액'의 의미도 펀드 운용 수익률에 따라 보험금의 액수가 변한다는 얘기였다. 그래서 변액 보험은 펀드처럼 경제 상황이 바뀔 때마다 꾸준히 관리를 해줘야 했던 것이다. 그동안 변액 보험을 그냥 보험으로 알고 있었던 나의 무식함에 귀까지 시뻘겋게 달아오를 정도였다.

그런데 내가 몰랐던 더 중요한 사실이 있었다. 최고 15퍼센트에 달하는 변액 보험의 사업비였다. 보험사는 각종 경비를 합쳐 사업비 명목으로 먼저 뗐다. 그러니까 매달 내는 50만 원 중 7만 5,000원이 수수료로 먼저 나가고, 나머지 42만 5,000원이 적립되는 구조였다. 그것도 모른 채 매달 내는 50만 원이 고스란히 쌓일 거라 생각했다. 이 중 일부는 전담 설계사에게로 돌아갔다. 나중에서야 한 달에 50만 원짜리 변액 보험에 가입하면, 이를 판매한 설계사가 받는 수당이 몇 백만 원이란 얘기도 들었다.

썩은 커피라도 마신 것마냥 씁쓸한 입맛을 다셨다. 아무렇지도 않게 "펀드 변경은 자주 하는 게 아니다"라고 말한 지인의 얼굴이 떠올랐다. 설계사 입장에선 한번 가입한 고객을 지속적으로 관리해줄 이유가 없다. 그가 나를 관리하든 하지 않든, 그는 내 보험료에서 나가는 수수료를 따박따박 받게 된다.

더욱 황당한 건 양로 보험이다. 역시 친한 지인의 좋다는 말에 덜컥 가입했다. 하지만 알고 보니 이 상품은 나 같은 싱글에겐 아무짝에 쓸모없는 사망 보험금이 포함돼 있었다. 나의 사망 시에 받는 사망 보험금은 과연 누구를 위한 것일까? 내겐 남편이 있는 것도 아니고, 딸린 자식이 있는 것도 아니다. 부모님은 이미 경제적으로 자립을 하셨고, 동생 또한 사회에서 자리를 잡았다.

게다가 확정 이율 3.75퍼센트도 10년 뒤 물가 상승률을 감안하면 전혀 높은 수익률이 아니다. 한 달에 50만 원이나 되는 이 보험을 군이 유지할 이유가 전혀 없었다.

나 자신이 한심해 속으로 혀를 끌끌 찼다. 스스로에 대한 자책이기도 했고, 믿었던 사람들에게 대한 배신감 때문이기도 했다.

나는 양로 보험을 해지해야겠다고 결심했다. 번뜩이는 아이디어를 준 사람은 『당신이 속고 있는 28가지 재테크의 비밀』 저자이자 '거북이 아카데미'의 운영을 맡고 있는 박 대표였다. 그는 보험금의 10퍼센트에 해당하는 사업비에 대해 신랄하게 비판했다.

"만약 매달 10만 원을 보험료로 낸다면 이 중 1만 5,000원이 보험사의 사업비로 쓰입니다. 나머지 8만 5,000원만 내 저축액이죠. 하지만 보험 설계사들은 이런 사업비 내용을 알리지 않습니다."

전직 보험 설계사 출신인 그는 보험 상품에 대해 너무나 잘 알고 있었다. 그 누구도 알려주지 않았던 그의 설명에 귀를 쫑긋 세웠다.

"저희 카페 회원들은 잘못된 보험에 대해 금융감독원 민원 해지를 하고 있습니다."

금감원 민원 해지? 그동안 생각도 못했던 방법에 두 눈이 번쩍 뜨였다. 생각해보니 나 역시 사업비에 대한 설명은 들은 적이 없었다. 즉시 행동에 돌입했다. 결국 해당 판매사에 요청해 녹취록을 다시 들었다. 예상대로 그들은 내게 사업비에 대한 설명을 하지 않았다. 판매사는 금감원 민원 해지를 무척이나 두려워했다. 민원을 내지 않는 조건으로 그동안 냈던 보험 원금을 고스란히 돌려주겠다고 제안했다. 나 역시 마다할 이유가 없었다. 결국 납입 원금 600만 원을 되찾을 수 있었다.

정신이 번쩍 드는 듯 했다.

이 세상엔 순진한 눈먼 돈을 노리는 하이에나들이 너무나 많다.

사기꾼 총량의 법칙이다. 부동산이든 금융이든 사기꾼의 총량은 동일하다.

생존,
조직에서의 유일한 목표

:
:

씩씩거리며 회사 밖으로 나왔는데 바로 앞에 세워둔 차가 온데간데없이 사라졌다. 주위를 아무리 둘러봐도 나의 새하얀 붕붕이는 보이지 않았다. 불길한 예감이 들었다. 견인된 것이 분명했다. 재수가 없으면 뒤로 넘어져도 코가 깨진다더니. 오늘이 바로 그날이다. 욱하는 서러움이 북받쳐 올라왔다.

"네가 원래 담당했던 재테크에 더 집중해봐."

바로 30분 전, 등록된 모든 출입처 없이 재테크만 담당하라는 통보를 들었다. 영문도 제대로 알지 못한 채, 그렇게 떠밀려 '재테크 팀장'이 됐다. 이직 후 기어코 살아보겠다고 발버둥을 쳤지만, 마지막 남은 지푸라기마저 끊긴 것이다. 말이 좋아 재테크 팀장이지, 좌천이나 다를 바 없었다.

그런데 희한하게 예전만큼 아프지 않았다. 기억을 더듬어보니, 꽤나 익숙한 상황이었다. 그동안 잊고 지냈던 그 좌천의 기억. 모난 돌이 조직의 정을 맞는 것은 더 이상 놀랄 일도 아니었다. 나는 여전히 조직형 인간이 아니었고, 그들의 눈에 난 아직 부족한 미운 오리 새끼였다. 아직 내겐 견뎌야 할 시련이 더 남아 있었던 것이다.

불현듯 몇 달 전 자택에서 스스로 몸을 던진 모 은행의 부행장님이 오버랩됐다. 그의 불행의 결정적 원인이 된 인사 발령이 나기 하루 전, 우리는 즐거운 점심 식사를 했다. 부행장 연임을 자신했던 그는 평소와 다름없이 유쾌한 대화를 이어갔다.

사실 그와 각별한 친분이 있었던 것은 아니다. 해당 은행을 출입하면서부터 그를 봐왔기에, 어지간한 속사정은 아는 터였다. 부행장 인사를 하루 앞두고 만난 그는, 은행에 대한 각별한 애정을 과시했다. 그날의 화제는 그가 직접 맡아 진두지휘했던 스포츠 팀의 우승이었다. 나 또한 그가 당연히 연임될 거라 생각했다.

하지만 공식 인사 발표에서 그는 탈락했고, 35년에 걸친 오랜 은행 생활의 마침표를 찍었다. 연임 탈락으로 인한 상실감은 미뤄 짐작하고도 남았다. 시간이 흐른 후에 안부 전화라도 넣어야겠다고 생각했다.

하지만 그가 젊음을 바쳤던 은행의 창사 기념일 아침, 그는 25층 아파트 베란다에서 몸을 던져 목숨을 끊었다. 밤 9시가 넘어서야 안타까운 그의 소식을 전해 들었다. 날벼락 같은 그의 자살 소식에 눈물이 주르륵 흘렀다. 도저히 믿기지가 않았다. 불과 한 달 전만 해도 그와 나는 크게 웃고 떠들었다. 하던 일을 멈추고 급하게 차를 몰아 빈소로 향했다. 밤 12시가 넘은 늦은 시각, 퉁퉁 부은 얼굴로 상갓집을 빠져나왔다. 어둠의 기운이 온몸을 휘감는 듯한 느낌에 빠져들었다.

'무엇이 그를 극단적 선택으로까지 몰아갔을까?'

'도대체 권력이 뭐길래 멀쩡한 사람을 죽이고 또 살리는 걸까?'

마치 어려운 원고를 읽고 여러 번 곱씹듯, 권력의 속성에 대해 생각하고 또 생각했다.

생각해보면, 남성들의 권력욕은 참으로 무서운 것이다. 권력을 한번 맛본 사람들일수록 내려놓기가 힘들다고 한다. 꼭 그렇게까지 해서 권력을 쥐어야만 할까? 깊은 슬픔이 밴 긴 한숨을 내쉬었다.

얼마 뒤 작고한 부행장님의 자녀로부터 '감사하다'는 편지를 받았다. 아마도 그는 나보다 조금 어린 나이의 사회 초년생일 것이다.

그제야 어렴풋이 조직 내 여성 임원이 적은 이유를 알 것 같았다. 능력이 부족해서도 아니다. 근성이 모자라서도 아니다. 내가 살기 위해 남을 죽여야만 하는 조직의 경쟁과 폭력성. 그것은 분명 우리 여성들의 취향은 아니다.

한때는 한국 기업에서 여성 임원이 적다는 점이 그렇게도 못마땅했다. 한국의 30대 여성 경제 참여율이 선진국 대비 20퍼센트나 떨어진다며 열변을 토했었다. 심지어 그거 하나 못 버텨서 10년 차만 되면 줄줄이 사탕처럼 옷을 벗느냐며 한심해했다.

그런데 그게 아니었다. 모질고 독하고 악착같아야 살아남는 게 조직이었다. 그 누구보다도 나는, 냉혹한 조직의 쓴맛이 어떤 건지 뼛속까지 기억하고 있었다.

조직에서 살아남으려면, '나'와 '나의 생각'을 내려놓아야 한다. 조직엔 차가운 조직의 논리만이 있을 뿐이다. 순진한 여성들의 기대처럼 조직은 이성적이지도, 합리적이지도 않다. 누군가를 짓밟고, 죽이고 올라서야 내가 살아남는 그야말로 약육강식의 정글이다.

맥없이 끌려간 붕붕이를 되찾으러 한강 변 견인 주차장으로 향했다. 12월의 추운 한강은 겨울 초상화처럼 휑했다. 한참 동안 넋이 나간 채 회색빛 한강을 바라봤다.

재테크 팀장으로 발령이 나자, 친한 선배가 나를 위로했다.

"선화야. 너 이제 어떡하냐. 에효, 기자가 출입처가 없으면 어쩌냐. 쩝."

"아니에요, 선배. 전 괜찮아요. 정말이에요."

진심이었다. 매도 맞으면 맷집이 생기는 걸까. 신기하게도 나는 별로 아프지 않았다. 예전엔 나를 해친 그들을 미치도록 미워하고 저주했지만, 희한하게도 이제는 아무 느낌이 없었다.

아마도 그동안 경험적으로 깨닫게 된 것 같다.

인생의 큰 물줄기가 바뀔 때마다, 예상치 못한 거친 파도가 친다는 것을.

그 거친 파도를 '넘느냐 죽느냐'는 결국 내 몫이다. 파도는 파도이기에 그렇게 몰아치는 것이다.

'이 또한 지나가리라.'

거친 폭풍이 지나가고 바다가 잠잠해지면, 언제 또 그랬냐는 듯 맑은 태양이 밝아올 것이다. 전화위복轉禍爲福이란 말이 이래서 있는 것이다. 내공이란 이런 것이다. 지금 조직에서 내 유일한 목표는 '생존'이다.

기차 8년 차. 얼떨결에 출입처도 없이 재테크 팀장을 맡으며, 맨땅의 헤딩이 시작됐다. 어디서부터 어떻게 시작할지 막막하기 그지없었다. 정해진 나와바리なわばり, 세력이 미치는 영역도 없었고, 보도자료 하나 얻을 곳도 없었다. 순간 번뜩이는 아이디어가 스쳤다.

그래. 원점으로 돌아가자! 태초에 재테크 기사가 존재하지 않았을 그때처럼!

지금까지 입력된 모든 정보를 지우는 '싱킹 아웃사이드 더 박스Thinking Outside the Box' 전략이다. 인도의 타타 자동차가 세상에 둘도 없는 '나노카'를 만든 비결도 바로 이 전략이었다.

모든 것을 원점에서 다시 생각하기로 했다. 지금까지 존재했던 모든 재테크 기사는 잊어버리기로 했다. 새하얀 도화지에 나만의 그림을 다시 그리는 것이다.

저금리·저성장의 덫에 빠진 지금은, 재테크로 대박을 노리기가 점점 더 힘든 시대다.

'과연 지금 이 시기에 사람들이 원하는 재테크 정보는 뭘까?'

월급은 10년 전 그대로인데, 은행 금리는 낮아지고, 물가는 오르고, 은퇴는 빨라지고, 평균 수명은 길어지고……. 딱 봐도 뾰족한 수가 없는 그런 상황이다.

나는 주위에 있는 '평범한 사람'들을 만나봐야겠다고 생각했다. 원래 부자가 아닌, 대박이 난 사람이 아닌, 우리 주변의 '작은 영웅'들을 만나야겠다고 생각했다. 이렇게 탄생한 것이 〈짠순이 · 짠돌이 시리즈〉 기획이었다.

사랑,
재테크의 이유가 되는

"만약 다시 돌아간다면, 어떡하실 것 같아요? 지금의 남편을 선택하실 건가요?"

피곤한 기색이 역력한 그녀는 선뜻 대답을 망설였다.

"흠…… 안 할 것 같은데요. 그때는 어렸고…… 세상 물정을 잘 몰랐으니까……. 지금 생각하면 역시 부모님이 반대하는 결혼은 안 하는 게 좋은 것 같아요."

찌든 삶에 지친 그녀의 얼굴에선 진정성이 느껴졌다. 〈짠순이·짠돌이 시리즈〉의 첫 번째 인터뷰 대상자는 40대 '짠순이 주부'였다. 억척스럽게 한 달 용돈 5만 원으로 생활하며 강남 주상복

합아파트까지 장만한 그녀는 서민 갑부로 소개되며 가끔 방송 출연도 했다. 처음 그녀와 마주쳤을 때, 40개에 달하는 그녀의 통장을 보고 신선한 충격을 받았다. 최근 들어 그렇게 통장을 많이 만든 사람은 본 적이 없었다. 게다가 적금 통장을 5만 원, 10만 원으로 적게 쪼개 나눠 들며 리스크를 분산했다. 한 달 통신비가 2만 원이란 설명에 그녀의 얼굴을 다시 한 번 유심히 쳐다봤다.

나는 방송에선 다 들을 수 없었던 그녀의 뒷이야기가 궁금했다. 인터뷰가 있던 그날도 그녀는 힘들어 보이는 기색이 역력했다. 재테크를 화두로 시작한 인터뷰는 꼬리에 꼬리를 물고 그녀의 인생 이야기로 흘러갔다.

남편과의 첫 인연은 머나먼 이국땅에서였다. 대학교 3학년 때 네덜란드로 배낭여행을 갔다가 운명처럼 지금의 남편을 만났다. 두 사람의 나이 차이는 스무 살이 넘었다. 한국에 계신 부모님은 어린 딸의 결정에 반대했고, 사랑 하나 믿고 결혼을 감행한 그녀는 혈혈단신으로 이국땅에서 신혼 생활을 시작됐다. 하지만 남편의 수입은 일정치 않았고, 이웃들의 도움으로 근근이 살림을 이어가야 했다.

"그래도 외국인 새댁이 고생한다고 주변에서 많이 도와줬죠. 이웃들의 도움이 없었다면 더 힘들었을 것 같아요."

첫 아이를 출산할 때도 산부인과에 갈 돈이 없었다.

"임신 중에도 산부인과에 가본 적이 없어요. 집으로 산파를 불러 아이를 낳았죠."

코끝이 시큰했다. 그랬다. 처음부터 그녀가 지독한 짠순이는 아니었던 것이다.

그녀를 세상에 둘도 없을 짠순이로 만든 장본인은, 돈을 향한 탐욕도, 부자가 되겠다는 욕망도 아닌, 그녀가 짊어진 삶의 무게였다. 독해지지 않으면 생존 자체가 불가능했던 그녀의 삶이 그녀를 그토록 지독한 짠순이로 만든 것이다.

잠시나마 처음부터 독한 여자라고 색안경을 끼고 본 게 미안할 정도였다. 자세한 속내도 모르면서 그저 독종 아줌마라고만 생각했다. 그녀와의 인터뷰를 마친 후 재테크의 이유에 대해 생각했다. 그랬다. 단지 돈 때문만은 아니었다. 사람들은 꼭 돈 때문만이 아니라 저마다의 특별한 이유 때문에 재테크를 한다. 어찌 보면 재테크를 하는 이유가 그들의 삶의 이유가 되는 것인지도 모른다.

아주 오랜만에 만난 박 사장님 역시 마찬가지였다. 『빌딩부자들』인터뷰 때 알게 된 그는 3년 동안 월급을 한 푼도 안 쓰고 모으며 모텔을 운영했다. 지금 그때와 달라진 것이 있다면 모텔의 소유권이었다. 당시 그가 운영하던 모텔은 보증금에 월세를 내는 임대였다. 하지만 3년 만에 다시 만난 그는 어엿한 '모텔 오너'로 변신해 있었다. 인터뷰 당시 나는 그를 '한국판 스크루지'라 생각했다.

'어떻게 사람이 월급을 한 푼도 안 쓰고 모을 수 있지?'

'친구들도 안 만나고 3년 동안 모텔에서 먹고 자는 게 가능한 건가?'

심지어 옷과 구두, 시계까지도 손님들이 버리고 간 물건들을 재활용한다고 했다. 정말이지 보통 사람이 할 짓은 아니라고 생각했었다. 그의 성공을 응원하면서도 나와는 다른, 딴 세상 사람일 거라 여겼다. 오랜만에 재회한 그에게 장난처럼 물었다.

"얼굴이 훨씬 좋아지셨어요. 요즘에도 손님들이 버리고 간 물건 쓰세요?"

"하하. 요즘은 안 그래요. 이젠 짝퉁으로 사서 씁니다."

그는 얼굴을 한 번 찡긋하며 멋쩍게 웃었다. 팔목에 찬 금색 시계가 반짝거렸다.

"3년 전 인터뷰했을 때보다 잘돼서 정말 보기 좋아요."

"근데, 성 기자님을 보면 쉬지 않고 달리는 로봇 '아톰' 같다는 생각이 들어요. 너무 전속력으로 달리지만 말고 쉬엄쉬엄해요."

처음으로 그와 '돈 얘기'가 아닌 사람 사는 얘기를 했다. 깊어가는 겨울밤. 술잔을 기울이던 그는 뜻밖의 얘기를 꺼냈다.

"고교 시절 문제아였던 제게 먼저 고백을 해온 여자가 있었어요. 처음부터 마음에 들었던 건 아니죠. 그런데 언제부턴가 저도 그 친구에게 빠져들게 됐어요. 제 모든 것을 다 버릴 정도로 정말 사랑했어요."

지금은 모범생처럼 보이는 그가, 학창 시절 문제아였다는 고백은 의외였다. 부모님도 혀를 내두르던 그를 순한 양으로 바꾼 건 '그녀'였다. 그녀의 순수한 사랑이 영화처럼 그를 바꿔놓았다.

하지만 안타까운 첫사랑이 늘 그렇듯, 그들의 사랑도 비극적으로 끝이 났다. 사업 부도로 여자의 집안이 기울면서, 그녀는 떠난다는 말도 없이 잠적해버렸다. 가족들조차 그녀의 행방을 알려주지 않았다. 살았는지 죽었는지 아무리 찾아봐도 소용이 없었다.

그가 미친 듯이 돈을 벌어야겠다고 결심한 것은 이때부터였다. 인생을 바꿀 정도로 순수하게 사랑했던 그녀의 잠적은, 그를 '돈 버는 기계'로 바꿔놓았다. 그가 모텔에서 먹고 자며 밤낮없이 돈을 벌기 시작한 이유도 첫사랑의 실패 때문이었다.

순수한 사랑의 힘은 컸다. 끝끝내 그는 그녀에게 한 달에 남들 연봉만큼 안겨줄 수 있을 정도로 경제적 자립을 이뤘다. 헤어진 여자친구를 다시 찾아 나섰지만, 그녀는 이미 다른 사람과 결혼한 후였다.

"아마 그녀가 아니었다면 그렇게 독하게 모든 인간관계를 끊고 돈을 벌진 않았을 것 같아요. 오늘의 제 모습은 모두 그녀 덕분입니다."

그의 눈빛에서 진심이 느껴졌다. 돈밖에 모르는 줄 알았던 그가, 그 누구보다도 순수한 사랑을 했다니……. 그가 원래부터 돈을 사랑했던 사람이 아니라, 첫사랑이 그를 독한 사람을 만든 것이다. 그를 '한국판 스크루지'로 여겼던 편견은 유리 파편처럼 허공 속에 흩어졌다. 나는 그의 순수한 사랑이 참 부러웠다.

사람들은 저마다의 이유로 돈을 번다. 재테크를 하는 모습도 각양각색이다.

이 세상에 그 누구도 오로지 돈만을 위해 돈을 아끼고 모으는 사람은 없다.

그들이 하는 재테크가 곧, 그네들의 인생이다.

나는 겉으로 보이는 그들의 재테크 스킬이 아닌, 내면의 '진짜 원동력'이 궁금해졌다. 그 원동력을 알면 내가 재테크를 하는 이유도 알 수 있을 것 같았다.

재테크,
자존감 높은 사람이 성공하는

전율이 흐르는 듯한 그의 러브 스토리는 꽤 오랫동안 뇌리에
남았다. "성 기자는 순수한 사랑을 못 해본 것 같다"며 안쓰러워
하던 그의 눈빛도 오래토록 잊혀지지 않았다.

아직 겨울 기운이 가시지 않은 초봄의 주말. 상념에 잠겨 고개
를 푹 숙인 채, 인터뷰 장소로 향했다. 강남역 인근 커피숍으로
들어서자 분홍색 반팔티를 입은 앳된 얼굴이 보였다.

아마도 오늘의 인터뷰 주인공이리라. 그는 『돈이 모이는 생활
의 법칙』 공동 저자 중 한 명인 A 씨였다. 내가 먼저 웃으며 다가
서자, 그는 최근에 구입했다는 레노버 노트북을 곱게 접어 넣었

다. 의자 옆엔 얇은 겨울 점퍼가 놓여 있었다. 안에는 여름 반팔 티를 입고, 겉에는 겨울 점퍼를 입었다. 그의 환절기 패션이 참 경제적이라고 생각했다.

"그런데 진짜 대단하신 것 같아요. 혼자 힘으로 30대 초반에 1억 7,000만 원을 모은 건가요?"

책에 소개된 그의 경력은 '화려하다'는 말로는 부족할 정도였다. 대학 입학 후 찹쌀떡을 만드는 등 각종 아르바이트로 200만 원을 모았고, 군대에서 틈틈이 월급을 모아 100만 원을 저축해 복학 전에 7,000만 원을 거머쥐었다.

복학 후에도 밤낮없이 노래방 웨이터, 패밀리레스토랑 등에서 아르바이트를 두세 개씩 뛰며 졸업 때까지 3,500만 원을 더 모았다. 그의 고된 생활은 취업 후에도 이어졌다. 작은 회사에 다니면서도 월급의 100퍼센트를 저축해 20대 후반에 1억 원을 모으는 데 성공했다. 그 역시도 둘째가라면 서러울 짠돌이 같았다. 나는 그의 월급이 궁금했다.

"실례지만, 월급이 얼마나 되나요?"

"한 달에 160만 원 정도 받아요."

"네? 160만 원이요."

놀라서 토끼 눈을 떴다. 상대방이 무안할 정도로 깜짝 놀라는 내게 오히려 그가 반문했다.

"월급 160만 원이 적은 건가요?"

허를 찔린 듯한 느낌이었다. 예상치 못한 반응이었다. 누구나 적다고 생각할 수 있는 한 달 월급 160만 원을, 오히려 이게 적은 거냐며 되묻고 있는 것이다.

'그래. 바로 이거구나! 이런 마음가짐과 자세가 그를 청년 부자로 만들었구나!'

월급이 160만 원밖에 되지 않는다고 생각하는 사람과, 160만 원이나 된다고 생각하는 사람은 하늘과 땅 차이다.

그는 월급의 100퍼센트를 저축했고, 시간이 날 때마다 아르바이트를 해 월급 이상의 추가 수익을 냈다. 생활비는 거의 쓰지 않았고, 웬만하면 걸어 다니면서 교통비를 아꼈다. 친척 집에 신세를 지며 월세 지출도 하지 않았다. 옷은 거의 사지 않았고, 이발도 가장 저렴한 이발소에서 했다.

"항상 머릿속에 돈의 흐름을 생각해요. 이번 달 월급을 저축하면 얼마의 돈이 모이고, 이 돈이 또 어떻게 굴러가는지 상상하죠."

'머릿속에 '돈의 흐름'을 그린다?'

그의 말 한마디가 뇌리에 꽂혔다.

'도대체 돈의 흐름을 상상한다는 게 어떤 의미일까?'

지금까지 단 한 번도 내 수입과 지출을 머릿속으로 그려본 적이 없었다. 학교 다닐 때 수학 공식은 그려봤어도, 현금 흐름을 그리는 건 상상조차 못했다.

그랬다. 지금 내겐 근본적인 변화가 필요했다. 지금까지와는 뼛속부터 달라져야 했다. 진심으로 지금까지의 재테크는 까맣게 잊어야 했다.

그와의 인터뷰를 마친 다음 영화 한 편을 본 듯한 착각에 빠졌다. 순간 강렬한 제목이 뇌리를 스쳤다.

'연봉 2,000만 원이 적은가요?'

이것만큼 그와의 인터뷰를 잘 표현할 수 있는 제목은 없다고 확신했다. 심혈을 기울여 그와의 인터뷰 기사를 작성했다. 그런데 정작 기사가 나가자 예상치 못한 반응이 나왔다. 인터뷰 기사가 포털 사이트 메인에 톱으로 뜨면서 순식간에 수백 개의 악플이 달렸다. 뒤늦게 이 사실을 전해 듣고, 늦은 밤 그에게 전화를 걸었다.

"기사 나가고 나서 괜찮았어요? 나도 하루 종일 바빠서 이제야 얘기 들었어요."

"네, 기자님. 기사 나간 거 잘 봤어요. 악플이 엄청나게 달렸더라고요. 회사 사람들도 다 알게 되고요. 저는 그냥 조용히 지내고 싶었는데……."

"내 의도와는 달리 악플이 달려서 정말 미안하네요."

"아니에요. 저는 그런 거 별로 신경 안 쓰니까 걱정하지 마세요."

"도대체 이해가 안 되네요. 재테크 기사에 왜 그런 찬반 논란까지 일죠?"

"그러게요. 다들 부러워서 그런가 봐요. 이런 걸로 흔들리면 내공이 없는 거죠."

그는 오히려 별것 아니라는 듯 '괜찮다'며 되레 나를 위로했다. 나라도 흔들렸을 그런 심한 악플에도 그는 꿋꿋했다. 자존감이 참 대단한 사람이라 생각했다. 나이는 한참 어렸지만, 이미 그는 외부의 평가보다 스스로의 평가가 훨씬 더 중요한 '성숙한 인간'인 것이다.

얼마 전에 만난 재테크 카페 '텐인텐' 박범영 대표의 말이 떠올랐다.

"재테크 특강을 하면 사람들이 꼭 이런 말을 해요. '너니까 했지. 명문대 나오고, 부모님 멀쩡하시고, 좋은 직장 다녔으니까. 너 정도 먹고살 만하니까 재테크도 할 수 있었던 거 아냐?' 이런 말을 들을 땐 진짜 한숨만 나오죠. 그런 식으로 얘기하면 정말 답이 없어요."

그래. 정말 답이 없다. '너니까 했지'라는 비꼼 속엔 '나니까 안 된다'가 내포돼 있다. 직장 생활 10년 만에 10억 원을 모아 '경제적 자유인'이 된 지금도 그는 소형 경차를 탔다. 남들은 돈 벌면 외제차부터 사지만 그는 예외였다. 여전히 그의 씀씀이는 크지 않다.

"소형 경차 타면 어때요? 남들이 알아주지 않으면 어때요? 이미 나는 경제적 자유인인데……."

이미 박 대표는 외부의 물질적 잣대에 초월해 있었다. 남들의 평가가 '자신의 가치'를 결정하지 않는다는 사실을 너무나 잘 알고 있어서다.

곰곰이 따져보면 우리가 하는 많은 소비는 자신의 '절대적 필요'에 의한 것이 아니다. 그걸 소유함으로써 남들에게 과시하고, 스스로가 대단한 사람이 된 듯한 착각에 빠지기 때문이다. 이것이 바로 광고 마케팅의 숨겨진 상술이다. 여자들이 명품백에, 남자들이 외제차에 미치는 이유기도 하다.

그러나 자존감이 높은 사람은 다르다. 스스로 자신을 높게 평가할 줄 알기에 이런 외부의 유혹에 쉽게 넘어가지 않는다.

자존감이 높은 사람들은 자신의 기준과 필요에 의해서만 소비를 할 수 있다.

남에게 보이기 위한 소비가 아닌 진정한 나를 위한 소비를 한다.

결국 자존감이 높아야 재테크에도 성공할 수 있는 것이다.

외로움,
여성들을 빚쟁이로 만드는

"상담 전에 눈물 한 바가지부터 쏟고 시작합니다. 사연 없이 이곳에 오는 사람은 아무도 없어요."

빚 독촉에 시달리다 끝끝내 떠밀리듯 오게 되는 부채 클리닉 '희만사(희망을 찾는 사람들)'의 김희철 대표를 만났다. 이곳을 찾는 이들은 주로 20~30대 젊은 여성들이라고 했다.

"사실 여기까지 오는 이들에겐 부채 상담이 아닌, 마음의 치료가 먼저 필요한 경우가 많습니다."

처음엔 이해가 잘 되지 않았다. 부채 상담을 하러 와서, 눈물 한 바가지부터 쏟고 시작한다고? 부채 상담이 아닌, 심리 치료가 더 필요하다고?

그를 만난 건 소비를 줄이는 지출 통제 노하우를 알고 싶어서였다. 하지만 그는 나의 기대와는 전혀 다른, 장님 코끼리 만지는 듯한 두루뭉술한 얘기를 했다.

"재테크는 단순한 스킬이 아닙니다. 인간의 깊은 심연과 맞닿아 있습니다."

솔직히 나는, 사실 모든 문제의 원인을 심리적 이유에서 찾는, 이런 류의 대화를 즐기지 않는다. 지출 통제에 유용한 딱 떨어지는 명쾌한 해답을 듣고 싶었다.

"그렇다면 이곳을 찾는 젊은 여성들이 빚을 지게 되는 가장 큰 이유가 뭔가요?"

"젊은 여성들이 정규직으로 고연봉을 받는 경우는 극히 드뭅니다. 대부분 한 달 200만 원 미만의 박봉입니다. 게다가 비정규직이라 이마저도 일정치 않죠. 친구도 없고, 돈도 없고, 혼자 골방에 처박혀 텔레비전만 보다 보면 외로운 거죠. 자신도 모르게 카드를 긁게 되고, 한번 긁기 시작하면 카드빚은 눈덩이처럼 불어납니다. 결국 부채 클리닉까지 오게 되는 거죠."

그는 젊은 싱글 여성들이 빚을 지는 이유는 '외로워서'라고 꼬집었다. 빚을 지는 사람들은 단순한 돈 문제 이외에도 분명히 다른 '마음의 상처'가 있다는 것이다.

순간 정답을 찾아 돌진하던 나의 '취재 엔진'이 멈춰 섰다. 뭉클하게 무언가 손에 잡히는 듯했다. 뿌옇고 흐릿하던 시야가 확 트이는 느낌이었다.

'그래. 그럴 수도 있겠다. 젊은 여성들이 돈을 쓰는 이유가 외로워서일 수 있겠다.'

뿔뿔이 흩어졌던 퍼즐이 맞춰져 하나의 메시지로 정리됐다.

'모든 소비에는 이유가 있다!'

『돈이 모이는 생활의 법칙』의 공동 저자인 B 씨 역시 가난했던 어린 시절에 대한 '보상 심리' 때문에 과소비를 했다고 회상했다.

사실 그와의 인터뷰는 평범할 거라 예상했다. 그는 겉보기에 충분히 '잘나가는' 은행원이었다. 이미 결혼을 해 강남 아파트를 분양받았고, 매달 75만 원씩 월세가 들어오는 아파트가 두 채나 있었다. 최근에는 박사 학위를 목표로 금융 공학 MBA 수업까지 듣고 있었다. 그런 그가 왜 굳이 짠돌이 생활을 할까?

늦은 밤 여의도의 한 커피숍에서 그를 만난 후, 얽혀 있던 실타래가 풀렸다. 그의 유년 시절은 남들만큼 유복하지 않았다. 나이 차가 많이 나는 부모님은 늘 다퉜고, 어린 그는 혼자서 학창 시절을 보내야 했다. 넉넉한 형편이 아니었기에 전문대로 진학

했고, 처음 은행에 입사했을 때도 정직원은 아니었다. 같은 일을 하면서도 대학 나온 친구들의 월급이 훨씬 많은 것을 보며 이를 갈았다. 결국 정규직 전환에 성공했고, 남들 보기에 멀쩡한 은행원이 된 것이다.

그런데 이상하게도 정규직이 되고 월급이 늘면서부터 그의 씀씀이가 커지기 시작했다. 어린 시절엔 1,000원짜리 한 장도 아끼던 그였지만, 이제는 백화점이 아니면 쇼핑을 안 할 정도가 됐다. 여자 친구와의 데이트도 항상 백화점에서만 했고, 브랜드 옷을 사 입고, 비싼 레스토랑에서 식사를 했다. 그렇게 그의 월급은 카드 결제일에 솜사탕처럼 사라졌다.

"월급이 250만 원인데 카드값으로 고스란히 다 빠져나갔어요. 대부분이 할부였죠. 빚이 빚을 낳는 구조적 함정에 빠져 있었던 거예요."

월 300만 원 가까이 받으면서도 땡전 한 푼 못 모으고, 통장 잔고가 0원인 채로 3년이 흘렀다. 결정적 충격은 역시 실연이었다. 결혼까지 생각했던 여자 친구와의 이별은 그를 깊은 동굴로 빠져들게 했다.

"흥청망청 살던 스스로를 뒤돌아보는 계기가 됐어요. 결국 내 삶의 중심에 내가 있지 않다는 사실을 깨닫게 됐죠."

무절제한 과소비에는 과거 어려웠던 시절에 대한 보상 심리가 내재돼 있다는 사실을 발견했다.

"그동안 고생을 하며 어렵게 살았으니 '이 정도는 써도 된다'는 보상 심리가 있었던 것 같아요."

그는 대책 없이 카드를 긁으면서 불쌍했던 스스로를 위로하고 억지 합리화를 했다.

소비의 이유를 깨친 이후 소비 패턴이 180도 달라지기 시작했다. 무언가 사기 전에 '소비의 이유'를 먼저 생각했다. 돈을 쓸때마다 왜 꼭 써야만 하는지를 스스로에게 물었다.

"요즘에는 아무리 세일을 해도 꼭 필요한 물건이 아니면 사지 않습니다. 하지만 정말 필요한 물건이면 세일이 아니라도 삽니다. 예전에는 세일 때마다 백화점에 갔어요. 물건을 더 싸게 사기 위해서였지만 사실은 더 많은 소비를 했죠."

지난날의 과소비는 진정한 내가 아니라 '세상에 나를 맞추기 위한 소비'였다며 그는 씁쓸한 미소를 지었다. 내가 아닌 세상의 시선에 소비의 무게 중심이 있었던 것이다.

그는 씀씀이를 줄이려면 현란한 '테크닉'보다도, 확고한 소비 자아 확립이 더 중요하다고 강조했다. 그가 과감히 신용 카드를 잘라버릴 수 있었던 원동력은 소비에 있어 '주체성'을 회복한 것이었다.

요즘 그의 한 달 카드값은 120만 원 정도다. 이 중 80퍼센트는 체크 카드 지출이다. 과소비를 막기 위해 체크 카드 최고 결제액을 3만 원으로 정해놨다. 3만 원을 넘어가면 신용 카드로 전환된다.

물론 그도 가끔 소비 욕구가 되살아날 때가 있다. 최근 들어 11년 된 중고차를 새 차로 바꾸고 싶어졌다. 하지만 이번엔 아내가 말렸다. 아파트 대출 이자도 갚아야 하는데 조금만 참자고 했다.

그는 "조용히 타이르는 아내의 말을 듣기로 했다"며 "가끔씩 충동구매 욕구를 느끼지만 옆에서 제어해주는 아내가 있어 다행"이라고 말했다.

그와의 인터뷰를 마치고 집으로 돌아오는 늦은 밤. 그의 설명 되새기며 내 모습을 투영해봤다.

'그렇다면 나는 왜 돈을 쓰고 있을까?'

내가 어디에 돈을 쓰는지 생각해보면, 지금 내 심리 상태를 알 수 있을지도 모른다.

가계부,
자긍심의 원천이 되는

⋮

기억을 더듬어보면, 나는 나 자신을 참 사랑하는 것 같다. 누군가는 내게 '자기애가 참 강한 사람'이라고 표현했다. 사실 그의 분석은 꽤나 정확하다.

하지만 지독한 자기애는 늘 지독한 외로움을 동반한다. 긴 연휴 계획은 수포로 돌아갔고, 홀로 남겨진 채 멍하니 컴퓨터 모니터를 응시했다.

'계획보다 기록이 먼저다.'

시테크 인터뷰를 위해 만난 정예솔 '닉쏘' 대표는 계획의 허상에 대해 지적했다. 시테크란 쉽게 말해 '시간 재테크'의 줄임말이며, 정예솔 대표는 국내 최초로 '타임매니지먼트' 개념을 도입한 인물이다. 그녀는 최소한 2주 이상 자신의 모든 일과를 기록하는 게 시테크의 시작이라고 밝혔다.

"꾸준히 기록을 하다 보면 어느 순간, 패턴을 발견하게 되죠. 계획은 그때 가서 해도 늦지 않아요."

내게 기록은 늘 귀찮은 무언가였다. 무의미한 기록들이 창의성을 떨어뜨린다고 생각했다. 그동안 무리하게 세웠던 그 많은 계획이 실패한 걸 보면, 계획보다 기록의 힘이 센 게 분명했다.

생각의 뉴런은 재테크로 이어졌다. 모든 소비에 이유가 있듯, 나의 소비에도 패턴이 있을 것이다. 무작정 아끼겠다는 결심보다는 기록을 통해 패턴을 발견하는 게 급선무다.

돈을 기록하려면 가계부가 필요했다. 한동안 기억의 저편으로 잊혀졌던 가계부였다. 책상 서랍 깊은 곳에 방치된 가계부를 다시 꺼내 들었다. 3년 전 〈월세의 여왕 100일 프로젝트〉를 진행할 당시 치열했던 그 삶의 현장이 오롯이 살아 숨 쉬는 느낌을 받았다.

'100원도 아끼며 악착같이 돈을 모았던 나는 어디로 갔을까?'

이번만큼은 기필코! 반드시! 깃털처럼 흩날리는 지출을 하나도 빠짐없이 기록하겠다고 다짐했다. 먼저 과거 6개월치 신용카드 명세서를 전부 출력했다. 수백 개에 달하는 지출 항목을 하나도 빼놓지 않고 직접 손으로 써내려 갔다.

긴 황금연휴가 선물한 여유로움이었다. 평소 땐 마음이 급해 중간에 지쳐버렸을 텐데, 날밤을 꼴딱 새워 끝장을 볼 오기가 생긴 것이다.

지난해 말 카드값은 월평균 300만 원에 달했다. 후회가 물밀듯 밀려왔다. 별생각 없이 슈퍼마켓에서 장을 보며 10만 원을 썼고, 백화점에 갔다가 생각지도 않았던 30만 원어치 건강식품을 샀다. 투자라며 돈을 쏟아붓던 피부과 비용 등 불필요한 지출에 쥐구멍에라도 숨고 싶을 심정이었다.

분명 모든 소비에는 이유가 있다고 했는데, 나의 소비에는 이유가 없었다. 그저 계획 없이 생각나는 대로, 쓰고 싶은 대로 쓰고 있었다.

그간의 가계부를 정리하며 팍팍한 삶의 무게를 실감했다. 어찌 보면 이 갑갑한 현실의 무게를 남자에게 전가시키고 싶었는지도 모른다. 개처럼 버는 일은 남에게 시키고, 나는 고상하고 우아하게 정승처럼 쓰는 일만 하고 싶었던 건지도 모른다. 아주 못된 도둑놈 심보였다. 남자에게 의존하는 여성들의 '못된 심보'가 낮은 자존감의 원인인지도 모른다는 생각이 들었다.

경제적 삶의 주체로서, 내 문제는 오롯이 내가 해결해야 하는 것이다. 비장한 각오로 정면 돌파를 다짐했다.

지출 분석의 결과는 참담했다. 어디서부터 어떻게 손을 써야 될지 도무지 감이 잡히지 않을 정도였다. 일단 씀씀이가 헤픈 지출 구멍은 네 개였다. 고가의 피부과 비용, 방송용 옷값, 택시비와 주유비 등 교통비, 그리고 식비. 살림하는 주부들이 들으면 코웃음을 칠 만한 항목들이었다.

그전까지는 스스로 쇼핑에 그렇게 젬병인 줄 알지 못했다. 쇼핑을 귀찮아한다는 게 오히려 독이 됐다. 백화점을 가도 몇 군데 더 돌기 싫어서 눈에 띄는 곳에서 다 사버렸다. 한마디로 돈을 어떻게 쓸까에 대해선 전혀 머리를 쓰지 않고 살았던 셈이다. 그동안 내가 해왔던 가장 큰 착각은 '절약은 무식하게!'였다. 하지만 짠돌이, 짠순이들이 머리가 나빠서 무식하게 아끼는 게 아니었다. 절약에도 '머리'가 필요했다.

네 개의 지출 구멍을 줄일 방법을 연구했다. 당시 방송용 의상은 필요 경비였다. 매주 한 번씩 회사 방송국의 녹화가 있었지만, 아나운서가 아니었기에 의상 지원이 되지 않았다. 그렇다고 매번 새 옷을 살 수도 없는 노릇이었다. 결국 남의 옷을 빌려 입는 방안을 생각했다. 수소문을 해보니 다른 방송인들도 옷을 빌려 입고 있었다. 인터넷으로 찾은 의상 대여점은 한 벌에 3만 원이면 충분했다. 게다가 남의 옷을 빌려 입는다는 게 생각보다 나쁘지 않았다. 수십만 원의 옷값을 10분 1 가격으로 줄일 수 있으니 경제적으로 엄청난 이득이었다.

옷값은 그렇게 해결했다 쳐도, 나머지 택시비, 주유비, 식비 등 매달 나가는 고정비가 문제였다. 안 쓰면 가장 좋겠지만, 그렇다고 무턱대고 아낄 수만은 없는 항목들이었다. 고민에 고민을 거듭하면 결국 방법은 있게 마련이다. 신용 카드와 체크 카드 상품 설명서를 일일이 찾아가며 항목별로 혜택이 큰 카드를 공부하기 시작했다. 정말이지 시험 공부하듯이 밑줄을 그어가며 혜택들을 하나하나 읽어나갔다.

그동안 몰라서 안 썼던 혜택들이 뚝뚝 떨어졌다. 현재 보유한 카드들의 항목별 혜택을 엑셀 파일로 정리하고, 그중에서 가장 혜택이 큰 항목을 표시했다. 이렇게 보기 좋게 정리를 하니, 카드별 특성이 한눈에 들어왔다.

어떤 카드는 식비 할인이 10퍼센트나 됐고, 또 어떤 카드는 소셜커머스 할인이 20퍼센트나 됐고, 심지어 커피숍에서 20퍼센트나 할인되는 카드도 있었다. 고도의 집중력을 발휘해 카드 공부를 하다 보니 머리가 핑~ 도는 느낌마저 받았다.

'아……. 이 많은 카드 혜택을 어떻게 다 외우지?'

하지만 여기에도 솟아날 구멍은 있었다. 다 못 외우면 써놓고 커닝을 하면 되는 것이다. 집에 있던 견출지를 찾아 카드 앞에 이름을 붙이기 시작했다.

| 커피값 | 택시비 | 병원·약국 | 식비 |

이제 앞으로는 커피 마실 땐 커피값 카드, 밥 먹은 후에는 식비 카드, 병원 갔을 땐 병원비 카드를 꺼내 쓰면 됐다. 비로소 나만의 소비 시스템을 마련한 것이다.

가계부를 쓰고 소비 체질을 개선한 지 한 달만에 카드값이 절반으로 줄었다. 얼마를 줄여야겠다거나, 얼마를 써야겠다거나 계획을 한 건 아니었다.

정말로 기록은 계획보다 힘이 셌다.

과연 기록의 힘이 뭘까? 왜 이렇게 대단한 위력을 발휘하는 걸까? 그 답은 얼마 전 만난 짠돌이가 한 말에 있었다.

"내 돈이 어디로 흘러가는지 머릿속에 계속 상상해요."

기록은 보이지 않는 돈의 흐름을 눈으로 직접 보여주는 힘이 있었다.

그 많은 돈이 뿔뿔이 흩어지는 이유는 눈에 보이지 않기 때문이다.

신기한 것은, 이때부터 붙기 시작한 자신감이다. 스스로 지출을 통제할 수 있다는 자신감이 생기자, '돈이란 변수'가 왠지 시시하게 느껴지기 시작했다. 괜히 있어 보이는 척이 아니라, 진심으로 '돈, 그까지 것!'이란 말이 나왔다.

결핍,
자녀를 부자로 만드는

분명 자랑할 만한 일은 아니다. 돈에 대한 결핍의 기억이 없다는 것은. 유년기를 돌이켜보면, 우리 집은 평범한 중산층이었는데도, '돈이 없어서' 무언가를 못해본 기억이 없다.

학창 시절에 필요한 게 있으면 그때그때 타서 썼고, 하고 싶은 대로 개인 과외도 두세 개씩 받았다. 대학생이 되어서도 등록금이 없어 휴학을 한 적도, 용돈이 모자란 적도 없었다. 물론 쓰고 싶은 만큼 쓸 수 없는 건 불만이었지만, 돈이 없어서 '미치도록 돈을 벌어야겠다'고 이를 갈아 본 적은 없다.

결국 내 손으로 제대로 된 돈을 벌기 시작한 것은 기자가 된

후다. 내게 경제 관념이란 숱한 짠돌이, 짠순이들을 만나면서 후천적으로 얻게 된 '노력의 결과물'인 것이다.

하지만 〈짠순이 · 짠돌이 시리즈〉 연재를 하면서 경제 관념이 뼛속까지 체화된 어린 친구를 만났다. 그녀의 이름은 김나연. 그녀는 이제 막 대학을 졸업한 20대 중반의 사회 초년생들 사이에서 특화된 재테크 특강으로 유명세를 떨치고 있었다. 실제로 그녀는 월 30만 원의 용돈을 모아 대학 졸업 때까지 3,000만 원 이상의 종잣돈을 모았다.

무엇보다 내 호기심을 자극한 것은 그녀의 어린 나이였다.

'무엇이 이 어린 친구를 짠순이 대학생으로 만들었을까?'

숨겨진 이면이 궁금했다.

"아주 어렸을 때부터 용돈을 받았어요. 어머니는 늘 말씀하셨죠. '이 돈을 다 써도 더 주진 않을 거야. 대신 남는 돈은 다 가져.'"

'남는 돈은 다 가져.'

그녀는 이 말에 꽂혔다고 했다. 어릴 적부터 남는 돈을 가지기 위한 그녀의 노력은 필사적이었다. 항상 조금 더 아낄 수 있는 방법을 궁리했다.

"갖고 싶은 게 있으면 어머니를 설득시킬 이유를 말해야 한다고 하셨어요. '친구들이 가지고 있으니까' 같은 뻔한 논리는 설득력이 떨어졌죠."

초등학생 때부터 무엇 하나 쉽게 가져본 적이 없다고 했다. 원하는 걸 손에 쥐기 위해선 치밀한 계획과 준비가 필요했다. 그제야 나를 괴롭히던 의문이 순식간에 해결되는 느낌을 받았다.

'그래, 맞아. 바로 이거야. 정답은 결핍이었어!'

결핍은 사람을 구하게 만든다. 센딜 멀레이너선과 엘다 샤퍼가 쓴 『결핍의 경제학』이란 책을 보면 "인간은 결핍을 느끼는 순간, 주변의 모든 것은 보지 못하고 그것만 보게 되는 착시 현상을 일으킨다"라고 설명했다.

인간은 결핍을 느껴야 비로소 간절히 원하기 시작하는 것이다.

인간을 움직이는 원동력이 한두 가지는 아니겠지만, 결핍은 분명 큰 원동력이 된다.

성취란 결국 결핍을 느끼는 데서 출반한다. 결핍을 극복하지 않고 '현실이 마냥 불행하다'고 느낄 것인가, 아니면 자신의 힘으로 극복할 것인가는 개인의 선택의 문제이다.

그녀의 어머니가 어릴 적부터 가르친 것은 바로 '결핍을 대하는 자세'였던 것이다. 그녀의 어머니가 가르친 경제 교육은 두 가지였다.

첫째, 필요한 게 있으면 먼저 계획하고 돈을 모아라.

둘째, 그것이 필요한 이유를 설득시켜라.

사람들이 빚을 지는 이유는 이 두 가지 원칙을 지키지 않기 때문이고, 가난한 사람이 부자가 될 수 있는 것은 이 두 가지 원칙을 제대로 지키기 때문이다. 푼돈을 모아 목돈을 만들어본 사람은 남들이 보기엔 티끌처럼 작은 것의 소중함을 안다. 푼돈으로 목돈을 만든 사람만이 마지막까지 부를 유지할 수 있다.

그녀와의 인터뷰를 마치며 나는, 어머니의 후광을 느꼈다. '대학생 재테크'를 만든 그녀의 절약 습관은, 하루아침에 뚝 떨어진 것이 아니었다. 결핍을 가르친 어머니의 훈련 덕분에 어릴 적부터 해온 치열한 고민들의 산물이었던 것이다.

나중에 결혼을 해서 아이를 낳게 되면 그 무엇보다도 결핍을 가르쳐야겠다고 결심했다. 아이가 원한다는 대로 모든 욕구를 다 충족시켜주는 게 아니라, 아이가 진심을 다해 그것을 얻을 수 있도록, 그것을 받아들이는 마음의 준비를 할 수 있도록, 시간을 주는 것이다.

원래 사람은 쉽게 얻는 성취를 소중하게 생각하지 않는다. 설사 아무리 값비싼 보물일지라도 고마운 줄 모른다. 스스로 간절히 구하기 전에 그의 손에 쥐어져 있기 때문이다.

문득 고교 시절, 비상한 머리로 쉽게 공부를 하던 친구가 떠올랐다. 그의 머릿속에는 스캐너가 있다고 했다. 시험 전날 교과서를 한 번만 보면 머릿속에서 책장을 넘기는 것처럼 정답을 쓸 수 있다는 것이다. 친구들을 그를 '스캐너'라 불렀다. 스캐너는 놀 것 다 놀고, 할 것 다 하면서 공부를 해도 항상 전교 1등을 놓치지 않았다.

머리보다는 노력으로 공부했던 나는, 스캐너가 그렇게 부러울 수 없었다. 우리의 예상대로 스캐너는 당당히 서울대 법대에 입학했다. 그 친구는 그 어느 때보다도 친구들의 부러움을 한 몸에 받았다. 하지만 나는 그때 스캐너가 보였던 반응을 아직도 잊지 못한다.

"그냥 간판 하나 딴 거 뿐이지. 뭐."

정말이지 대수롭지 않다는 듯, 무심하게 서울대를 간판이라 불렀다. 하지만 스캐너는 끝내 사법 고시를 패스하지 못했다. 그렇다고 번듯한 직장에 들어간 것도 아니었다. 그의 뛰어난 스캐너를 활용해 사교육 시장에서 유명 강사가 됐을 뿐이다. 아주 나중에야 스캐너의 소식을 들은 나는 씁쓸한 입맛을 다셨다.

'그래. 간판을 너무 쉽게 땄어.'

돈은 어렵게 벌어야 한다. 쉽게 번 돈은 그만큼 쉽게 나가기 마련이다.

인간은 스스로 결핍을 느끼고, 그것을 자기 힘으로 해결해나가는 과정에서 뼛속까지 전율하는 성취감을 느낀다. 그럼에도 불구하고, 결핍에도 불구하고, 성취를 해본 사람의 자긍심은 그 무엇과도 바꿀 수 없다.

무엇보다 자긍심은 곧 행복의 척도가 된다. 행복한 아이를 만들려면 자긍심을 길러줘야 하고, 이를 위해서는 부모가 그에게 결핍을 먼저 알려줘야 한다.

돈이 아닌 푼돈을 모으는 습관을 물려주는 것. 아이에게 부자로 가는 '특급 엔진'을 달아주는 것과 같다.

발품,
40개의 통장을 만든

아침 출근길. 핀셋으로 집은 듯 빡빡한 하루 일정을 떠올리며 집을 나섰다. 차 문을 열자 후끈한 열기가 얼굴까지 타고 올라왔다. 시동을 걸고 에어컨을 최고로 높였다. 띵동~ 문자 메시지 알림음이 울렸다.

'수협 은행 적금 만기일입니다. 가까운 수협 은행 지점에 방문 부탁드립니다.'

그동안 잊고 지냈던 수협 적금 만기 통보였다. 회사로 가는 운전대를 잡으며 잠시 회상에 잠겼다.

'정말이지 받아놓은 시간은 어떻게든 가는구나······.'

3년 전 그날도 오늘처럼 무더웠다. 아침 일찍 부산에서 전철을 타고 김해로 건너가 뙤약볕 아래에서 땀을 뻘뻘 흘렸다. 하루 종일 밥도 안 먹고 걷다 보니 종아리까지 퉁퉁 부어 올랐다. 잠시 쉬어 갈 곳을 찾다가 눈에 들어온 곳이 바로 수협이었다.

이제 막 새로 생긴 삼계동 지점은 한산했다. 시원한 에어컨 바람에 땀을 식혔다. 그때 마침 '더 플러스 정기적금 연 6퍼센트 특판' 플래카드를 발견했다. 번호표를 뽑을 필요도 없이 창구에 앉았다.

상냥하게 웃는 창구 언니에게 "플래카드에 걸린 특판 상품에 가입하고 싶다"고 했다. 친절하게 설명을 이어가던 언니는, 나의 신분증 주소를 보고 "서울에서 어떻게 여기까지 왔느냐"며 신기해했다. 상냥한 그녀 덕분에 세금 우대 혜택까지 받아 가입했던 3년 전 그 적금의 만기가 오늘 돌아온 것이다.

그때는 '3년이 언제 가나' 싶었는데 지금에 와보니 '세월이 참 빠르다' 싶었다. 물론 위기도 있었다. 원래 통장 두 개에 각각 15만 원씩 총 30만 원을 부었는데, 중간에 이직을 하면서 하나를 깨고 말았다.

'그 당시에도 예금담보대출을 알았으면 아까운 적금을 깨지 않았을 텐데……'

이렇게 만기 알림 통보를 받고 나니 아쉬울 따름이었다. 한편으론 친절한 수협 언니의 말대로 통장을 쪼갠 것이 신의 한 수였다. 매달 30만 원씩 한 통장에 올인했다면, 아마 오늘 나는 문자 메시지를 받지 못했을 것이다.

올해부터 3년 전에 가입한 적금들의 만기가 돌아오기 시작한다. '수협 더플러스' 760만 원, 'IBK 서민섬김' 350만 원, '우리은행 우리매직7' 955만 원, 이렇게 3개의 적금 통장만 합쳐도 2,000만 원이 넘는다.

다음 날 적금 통장을 들고 은행을 찾았다. 3년 만에 처음으로 통장 정리를 했다. 막상 3년치 납부액이 찍힌 통장을 보니 감회가 새로웠다.

'아…… 이런 게 아날로그의 맛이구나.'

0과 1의 숫자로 조합된 디지털 추상이 현실의 눈앞에서 나타나는 순간, 다시 한 번 아날로그의 매력에 매료됐다. 아무리 머릿속에 있다한들, 눈으로 직접 확인하는 것과는 비교가 안 됐다.

그때 이후 점심시간마다 짬을 내 '은행 투어'에 나섰다. 잃어버린 통장을 다시 만들고 인터넷 뱅킹과 스마트폰 뱅킹을 신청했다. 매번 신청만 해놓고 가입을 안 해 무용지물이었는데, 이번 만큼은 신청한 그날 바로 가입까지 끝내버렸다.

오랜만에 은행 발품을 팔다 보니 새로운 특판 정보도 알게 됐다. 만기가 돌아온 수협 적금 대신 또 다른 적금에 가입했다. 이렇게 일주일 사이 만든 적금 통장이 4개나 됐다.

'역시 금융도 발품을 팔아야 되는구나! 돈도 부지런해야 벌 수 있는 거야.'

그즈음 내겐 새로운 취미가 생겼다. 바로 '통장 꾸미기'다. 한꺼번에 늘어난 통장을 보기 좋게 정리하기 위해 이름을 붙이기 시작했다. 통장 한가운데 견출지를 붙이고 굵은 매직으로 통장의 이름을 썼다. 통장 앞면에는 금리, 만기, 월납입액 등도 보기 좋게 적어 넣었다.

투박한 글씨가 아쉬워 예쁘게 색칠도 하고, 집에 굴러다니던 스티커도 붙였다. 개성 없고 밋밋하던 통장을 아기자기한 내 취향으로 꾸미니 왠지 뿌듯하고 더 애정이 갔다.

통장이 하나둘 생길 때마다 '예쁜 아가'들이 한 명씩 늘어나는 기분마저 들었다. 책상 위에 수북하게 꽂힌 통장들을 보니 그렇게 흐뭇하고 뿌듯할 수가 없었다.

'아이쿠, 예쁜 내 아가들.'

통장 꾸미기를 시작한 지 1년 정도가 지나자 통장 개수가 무려 40개에 달했다. 게다가 1년 전에 가입한 적금 만기도 무더기로 돌아왔다. 한 달에 4개를 한꺼번에 만들었으니 만기도 동시에 돌아오는 게 당연했다.

'아하! 사람들이 예금 풍차 돌리기를 하는 데는 다 이유가 있었구나!'

예전에 읽었던 『예금 풍차를 돌려라』라는 책을 꺼내 들었다. 풍차 돌리기의 핵심은 매달 만기가 돌아오도록 적금 계약 시기를 분산하는 것이다. 그래야만 한 번에 돈이 궁하지도, 넘치지도 않는 상태에서 안정적으로 자산을 늘릴 수 있다. 나도 이번에 적금 4개의 만기가 한꺼번에 돌아오다 보니, 왜 만기를 분산해야 하는지 그 이유를 알게 되었다.

저축에도 요령이 필요하다.

기분 내키는 대로 들쑥날쑥하게 해서는 돈이 모이질 않는다.

나원준 씨와의 만남은 내게 저축의 새 지평을 열어주었다.

"그러니까 매달 적금 통장으로 5년 만에 1억 원을 만드셨다는 거죠?"

예금이 아닌 적금을 매달 새로 가입해 남들보다 두 배 이상의 금리를 더 받는다는 평범한 직장인 나원준 씨를 인터뷰했다.

"네. 맞아요. 사실 이건 개념을 설명하기가 쉽지 않은데요. 이런 건 직접 보면서 설명해야 돼요."

그는 최대한 이해하기 쉽게 그 개념을 설명하기 시작했다.

"일반적으로 예금보다 적금의 표면 금리가 더 높잖아요? 하지만 실질 금리를 계산해보면 예금 만기 지급액이 더 높아요."

"그쵸. 예금은 1년 동안 이자를 받는 구조고, 적금은 매달 입금된 액수만큼만 이자를 받으니까요."

"대부분은 그렇게 생각하죠. 하지만 적금을 매달 내야 하는 건 아니에요. 적금 상품의 구조를 정확히 이해하면 이야기가 달라지죠."

그는 딱 두 번 입금만으로도 만기가 돌아오는 적금의 원리에 대해 설명했다.

"매달 10만 원 씩 내는 적금은 총 납입 예정 금액이 120만 원이에요. 그런데 예를 들어 그 달에 들어와야 되는 10만 원이 안 들어왔다고 생각해봐요."

"그때는 그만큼 만기 일자가 늦어지는 거 아닐까요?"

"바로 그거예요. 반대로 납부 예정 일정보다 먼저 낼 수도 있어요. 아주 쉽게 설명하면 먼저 낸 날짜와 늦게 낸 날짜를 합쳐서 '0'이 되면 적금 만기는 돌아와요."

그제야 나는 고개를 끄덕였다. 예를 들어 매달 10만 원씩 총 120만 원을 1년 동안 넣는 적금이라면, 첫 달과 마지막 달에 각각 60만 원씩만 내도 만기가 돌아온다. 그러면 그 사이에 매달 하나씩 적금 통장을 개설해 60만 원씩을 내면 된다. 그렇게 적금 금리를 받으면서 돈을 모으고, 또 그렇게 만기 때 받은 돈을 같은 방법으로 굴리다 보면 약 7년 만에 1억 원을 모을 수 있다. 사실상 복리 이자로 목돈을 마련할 수 있는 것이다. 1억 원은 일반 적금으로 굴렸을 경우 13년 정도가 걸리는 금액이다.

'우아, 진짜 대박이다. 60만 원의 기적이다!'

나는 입을 벌리고 감탄할 수밖에 없었다. 그는 현재 월급날 24개의 통장에 자동 이체를 걸어놓고 적금을 돌린다고 했다. 처음 1년은 자리를 잡기가 힘들었지만, 그 뒤로는 알아서 돈이 들어오고 나가니 크게 신경 쓸 일이 없다고 했다.

만약 10년 전 입사하자마자 60만 원씩 매달 적금을 들었다면, 지금은 1억 원이 훌쩍 넘는 돈을 모았을 것이다. 결국 부자를 만드는 건 세월의 힘이다!

재테크의 여왕,
이달의 기자상을 탄

⋮

인생은 참 요지경이다. 출입처도 없이 재테크 팀장이 된 내가, 기자상을 탈 거라고 누가 상상이나 했겠는가. 재테크 팀장이 되면서 기자상 따위엔 욕심 내지 말아야겠다고 생각했다. 그때까지만 해도 내 머릿속에 기자상은 특종이나 단독 기사를 쓴 기자들이 받는 그런 상이었다.

그런데 뜻밖에도 생각지 못했던 '이달의 우수 기자상'을 받게 된 것이다. 재테크 팀장을 맡으며 처음 기획한 〈짠순이·짠돌이 시리즈〉와 〈재테크의 여왕〉 등의 기사가 온라인 상에서 인기를 끈 덕분이었다. 내가 쓰는 재테크 관련 기사가 인터넷 포털 톱기사로 실리기도 했고, 사내 조회수 랭크에서도 상위권에 머물렀다. 출입처 보도자료가 없어 기사의 절대량은 적었지만, 기사 한 건당 조회수가 높았다. 이에 회사의 재테크 기사 경쟁력을 향상시켰다는 점을 인정받았고, 전 사원이 보는 앞에서 회장님께 직접 상을 받은 것이다. 막상 상을 타던 그날 아침은 감회가 새로웠다.

'만약 그때…… 회사의 인사 조치에 불만을 품고 사표를 던졌다면, 어떻게 됐을까?'

기억을 더듬어보니, 사회생활 경험이 많은 어른들의 말씀은 흘려들을 일이 아니었다. 진심으로 처음엔 하는 일이 너무 막막해 퇴직을 고려한 적도 있었다.

하지만 평소 친하게 지내던 마이클 대표님의 조언은 마음을 고쳐먹는 계기가 됐다. 알짜 중견 기업을 운영하던 그는 자신의 경험에 비춰 이런 얘기를 들려줬다.

"참 신기한 게, 나도 사람을 써보니깐 말야. 그 친구가 참 무능력하다는 생각이 들었어. 그런데 사람을 함부로 자를 순 없으니까 자르지는 않고 다른 일을 줬어. 그런데 희한하게 또 그 일은 엄청 잘하는거야. 나도 깜짝 놀란 거지. 그때 생각했어. 아, 저 친구를 그냥 자르지 않길 잘했다고.

성 기자도 언젠가는 그 직장에서 뭔가 역할을 할 수 있는 날이 올 수 있어. 재테크 기사를 열심히 써봐. 어차피 출입처가 없다면 『빌딩부자들』 책 쓴 거랑 비슷한 거 아냐? 맨땅에 헤딩하는 거, 성 기자 주특기잖아."

물론 당시는 그의 조언이 진심으로 가슴에 와 닿지 않았다. 하지만 이제 와 생각해보니 마이클 대표님의 말씀이 백번 옳았다.

내겐 새로운 역할이 주어졌고, 그 일은 기존에 그 어떤 언론사에서도 제대로 정착된 적이 없는 그런 일이었다. 나 자신도 몰랐지만, 오히려 내겐 전무후무한 이런 도전적인 '콘텐츠 크리에이터'의 역할이 더 잘 맞았다.

그러니까 인생은 참, 알다가도 모를 일이다.

우리네 인생이란 원래 원하던 길로 가지 못해도, 뜻을 품고 정진하면 결국엔 원했던 목표에 도달하는 마술을 부린다.

지금까지 그 수많은 갈등과 방황을 겪고서야 삶의 한 가닥 방향이 잡히는 느낌을 받았다. 30대 초반, 뿌옇게 끼었던 인생의 안개가 조금씩 걷히는 느낌이었다.

인생에 난관이 왔다고 해서, 쉽게 좌절할 일도, 또 쉽게 포기할 일도 아니다. 시간이 걸려도 노력하는 사람의 진가는 빛을 발한다.

기자 8년 차. 처음 일로써 행복감을 느꼈다. 이렇게 일에서 행복감을 느낄 수 있는 까닭은 내게 주도권이 주어졌기 때문이다. 돌이켜보면 그동안 나 자신이 주체였던 적은 단 한 번도 없었다. 항상 출입처의 이슈를 따라가고, 굶주린 하이에나처럼 특종과 단독을 찾아 헤맸다.

하지만 이번만큼은 달랐다. 스스로 기획하고, 스스로 이끌어 나가고, 그에 대한 독자들의 즉각적인 피드백을 받았다.

8년 조직 생활만에 처음으로 회사와 내가 한마음 한뜻으로 같이 간다는 일체감을 느꼈다. 그것은 바로 내가 가는 방향이 곧 조직이 원하는 방향이라는 동질감이다. 나와 조직이 하나가 되는 느낌이다. 신기하게도 여기서 얻는 정서적 안정감은 상상을 초월했다. 지금껏 한 번도 경험하지 못한 이 충족감은, 그 어떤 종류의 만족감보다도 더 크게 다가왔다.

무엇보다 신기한 점은 높아진 자존감이다. 조직 내에서 천덕 꾸러기 취급을 당하며 자존감이 낮아질 대로 낮아졌었다. 하지만 주도적으로 일을 하면서 자존감도 덩달아 높아졌다. 무얼해도 자신이 붙었고, 신바람이 났다.

굳이 표현하자면 '직화만사성職和萬事成'이라고나 할까. '가화만사성家和萬事成', 즉 가정이 편안해야 모든 일이 평안하듯이 직장이 편안해야 만사가 편하다. 아니, '가화만사성'이란 말보다 '직화만사성'이란 말이 더 설득력이 있다고 생각했다.

얼마 뒤 모 대학 웹진에서 대학생 멘토 인터뷰를 왔다. 20대 대학생 시절 내 모습을 떠올리며 무슨 말을 해주는 게 좋을지 곰곰이 생각했다.

대부분 사람들은 자신의 단점을 극복하라고 조언한다. 하지만 날 때부터 타고난 DNA는 쉽게 고쳐지지 않는다.

나 또한 단점이 참 많은 사람이다. 그럼에도 나만의 '작은 앞마당'을 만들고 전문성을 쌓을 수 있었던 이유는 뭘까. 그것은 단점을 없애기보다는 장점을 살리는 데 더 집중했기 때문이다. 결국 사람은 단점을 극복하기보단 장점을 극대화하려고 노력할 때, 괴력과 같은 초능력을 발휘한다.

나는 지금도 단점이 많다. 부정하지 않는다. 아주 쿨하게 인정한다. 단점을 아예 무시하고 내 멋대로 살겠다는 의미가 아니다. 다만 스스로를 단점의 덫에 가두지 않겠다는 뜻이다. 장점의 날개를 달고 훨훨 날 때, 단점의 굴레도 자연스레 극복될 수 있다.

"조급증을 버리고 장점을 살리는 데 집중하라."

나처럼 방황하는 후배들에게 가장 해주고 싶은 조언이다.

도전

"며느리도 모르고,
시어머니도 모르는 주식의 세계."

첫 만남,
악연의 서막을 알리는

<〈짠순이 · 짠돌이 시리즈〉가 마무리될 무렵, 슈크림처럼 달콤한 그의 투자 이야기에 푹 빠져들었다. 이태원 밤거리에 하나둘 네온사인이 켜지고, 이자카야 조명 아래 그의 하얀 피부도 빛이 났다. 땅거미가 짙게 깔리기 시작한 이태원의 화려한 밤거리는 악연의 서막을 알리는 듯했다.

"그러니까 일반인들은 아무리 좋은 종목을 찍어줘도 먹을 수가 없다니까요. 선화 씨?"

"기업은 좋아요. 좋다고요. 정말 훌륭한 기업이에요. 그러면 뭐해요? 꼭지에서 사서 바닥에서 팔면 손해인 걸요. 주식은 부동산이랑 달라요. 개미들은 절대 시장을 이길 수 없어요. 내 말뜻 알겠어요? 선화 씨?"

그는 고집스럽게도 말끝마다 '선화 씨'라는 호칭을 붙였다. 나중에서야 그것이 그가 상대방에게 애정을 표현하는 방식이란 사실을 알았다.

생전 처음 접한 주식은 내게 별천지였다. 팥으로 메주를 쑨다 해도 믿을 만큼 새하얀 도화지 같았다. 옥구슬 구르는 듯한 말발로 그가 들려준 '주식 차트'가 내가 접한 주식의 첫 경험이었다.

30대 초반인 그는 8년 만에 2,000만 원으로 10억 원을 만들었다고 했다. 그에게서 듣는 주식 얘기는 참으로 신기했다.

"여기 차트를 봐요. 이때부터 장대양봉이 나오기 시작했죠? 본격적인 상승이 시작된다는 의미예요."

"여기 또 다른 차트를 보세요. 이렇게 되면 세 번 연속 장대음봉이 나왔어요. 게다가 60일 선까지 내려왔죠? 이제는 차트가 완전히 망가진 거예요."

'장대양봉은 뭐고, 음봉은 또 뭐야? 60일 선은 도대체 무슨 얘기지?'

외계어 같은 전문 용어에 혼이 나가버릴 정도였다. 나중에 서점을 찾아 주식책을 뒤척인 후에야 대충 감을 잡았다.

'양봉은 하루 동안 주식의 오름폭을, 반대로 음봉은 내림폭을

의미한다.'

'장대라는 말은 길다는 뜻으로 변동폭이 그만큼 크다는 뜻이다.'

'그러니까 장대양봉이 나왔다는 말은, 큰 폭의 오름세가 있었다는 의미다.'

주식 차트의 종류는 상상을 초월할 정도로 다양했다. 쌍바닥 패턴, 어깨 패턴, 물결 패턴 등등 각종 패턴의 종류에 혀를 내두를 정도였다. 책장을 절반쯤 넘긴 후 읽던 책을 살포시 접었다. 해결되지 않는 한 가지 의문이 머릿속에 맴돌았다.

'차트란 매일의 주가를 2차원 방정식으로 풀어낸 그래프일 뿐이다. 그런데 어떻게 이 차트로 주가를 예측할 수 있다는 걸까?'

아무리 머리를 쥐어짜도 '과거의 패턴'과 '미래의 패턴'의 인과 관계를 찾을 수가 없었다. 하지만 그에게 차트는 충분한 주가 상승의 이유가 됐다. 그는 매일 아침 차트를 보며 오늘 올라갈 놈과 떨어질 놈을 솎아냈다.

"여기 이 차트를 봐봐. 이제 쌍바닥을 치고 오늘이나 내일쯤 상한가를 칠 거야."

100퍼센트는 아니었지만, 그의 말대로 척척 들어맞는 날도 꽤 됐다.

증권 전문 주식 방송을 봐도 마찬가지였다. 소위 전문가라는 사람들이 특정 종목을 추천하며, 그 주식이 왜 오르는지 이유를 나열했다. 청산유수 같은 그들의 설명을 듣고 있자면, 지금 당장이라도 그 주식을 사야 할 것 같은 충동을 느꼈다. 직접 해봐야 직성이 풀리는 성격 탓에 몸이 근질근질했다. 전문가들의 추천 종목에 야금야금 손을 대기 시작했다. 지금 생각하면 기업 탐방 한 번 안 가보고, 재무제표 한 번 안 보고, 겁도 없이 잘도 투자를 했다.

나는 있는 돈을 탈탈 털어 부을 만큼 배짱이 두둑하진 못했다. 한 종목당 기껏해야 100만 원도 안 되는 수준이었다. 그래도 보유 종목이 상한가를 치고 하루에 10퍼센트포인트 이상씩 오를 때는 꽁재미가 났다. 매일 오전 9시를 기다려 주식 창을 열었고, 장 마감 때까지 수시로 주가를 살폈다. 하루 종일 주식 창만 보고 있으라고 해도 할 수 있을 것 같았다.

그즈음 나는, 본격적으로 요물 같은 주식을 파보기로 결심했다. 처음 『빌딩부자들』 인터뷰를 시작할 때처럼 '주식 부자들'을 찾아 나서보기로 했다.

"주변에 주식으로 돈 번 사람 있으면 소개 좀 부탁드려요."

4년 전 어렵사리 지인들의 소개를 받아 『빌딩부자들』을 쓰던 그때로 돌아간 착각에 빠질 정도였다.

하지만 주식 부자들은 부동산 부자들보다도 나서는 걸 더 꺼려했다. 간신히 40대 전업 투자자 한 명을 소개받았다. 미인대회 출신인 그녀는 투자 경력이 15년이나 됐다. 현재는 5억 원으로 매일 단타 매매를 하고 있으며, 하루 평균 100만 원 정도를 번다고 했다. 그녀가 연락을 달라고 한 밤 9시에 전화를 했다. 그녀의 첫마디는 상당히 과격했다.

"공부 안 하는 '것'들은 주식 투자도 하지 말아야 돼요. 주식은 무조건 공부해야 됩니다. 저도 매일 새벽 2시까지 공부합니다. 거의 모든 기사를 읽어요. 다음 날 아침에 오를 만한 종목을 두세 개 정도 찍어놓죠. 그리고 아침에 장 시작하기 전에 분위기를 살펴요."

'뉴스만 봐도 오르는 종목을 골라낼 수 있다고?'

분명 그녀는 말했다.

모든 뉴스는 주식과 연관 지어 해석될 수 있다고.

조류 독감이 유행하면 조류 독감 백신 주가가, 소녀시대가 컴백하면 해당 소속사의 주가가, 간통죄가 폐지되면 콘돔 회사의 주가가 오른다는 설명이다.

"주식을 잘하려면 창의력과 상상력이 뛰어나야 해요. 그리고 지금 사람들의 심리 상태까지 파악해야 하는 거죠."

물론 소녀시대가 컴백한다고 에스엠의 영업 이익이 당장 개선되지는 않는다. 하지만 컴백 소식은 바로 주가에 반영된다. 그 이유는 대부분의 사람들이 그럴 것으로 예상하기 때문이다. 집단의 '기대 심리'가 주가에 반영된 것이다.

"주식 투자를 한다는 사람들이 사물인터넷, 전기차, 3D프린터 등을 모른다는 게 말이 안 되죠."

그녀는 다시 한 번 공부 안 하는 것들을 신랄하게 비판했다. 나 또한 속으로 뜨끔했다. 전기차는 들어봤지만, 사물인터넷과 3D프린터는 생소한 개념이었다. 미래 산업의 방향에 대해 좀 더 구체적으로 공부할 필요가 있겠다고 느꼈다. 미지의 세계에 대한 호기심이 가득 부풀어 올랐다.

'예전에 그랬던 것처럼, 국내 주식도 반드시 정복하고 말리라.'

잊고 있었던 옛 기억을 떠올리며 의지에 불타올랐다.

아무것도 몰랐던 내가 부동산 투자를 했던 것처럼, 주식 투자도 얼마든지 정복 가능한 대상이라 자신했다.

주식,
하늘도 모르는 요물 같은

:

"절대로 차트는 보지 마십시오. 차트 보고 투자하는 사람 중에 돈 번 사람 못 봤습니다."

순간 머릿속 전기 회로가 마구 뒤엉키는 느낌을 받았다. 전두엽 뉴런에서 지지직 스파크가 튀었다. 내가 배운 주식의 전부는 차트였다. 매일 차트만 들여다보고 매도와 매수 타이밍을 잡았다. 그런데 차트를 보지 말라니, 뒤통수를 세게 맞은 느낌이었다.

'차트 무용론'을 설파한 조문원 '압구정투자클럽' 대표의 별칭은 '압구정 교주'. 강남 압구정에서 주식으로 이름을 날려 붙여진 닉네임이다. 조 대표의 주식 특강이 있던 토요일 오후. 그의 강의를 듣기 위해 강남역을 찾았다.

"초보 투자자들은 대부분 주식 차트부터 접합니다. 하지만 이는 주객이 전도된 겁니다. 기업의 내용을 알고 나서 차트를 봐야지, 차트부터 보면 요령만 생깁니다. 공부를 하지 않게 되는 거죠."

허를 찔린 듯했다. 그 많은 청강생 중에서 나를 콕 찍어 얘기하는 것 같았다. 잠시 멍해졌던 정신을 다시 차리고, 그의 설명에 집중했다.

"무조건 PBR 1배 미만 기업에만 투자합니다. PBR 1배 이상인 기업엔 거의 투자를 하지 않습니다."

그가 말한 PBRPrice Book-value Ratio을 우리말로 쉽게 풀면 '주가 순자산 비율'이다. 그러니까 기업이 보유한 자본금, 자본 잉여금, 이익 잉여금 등 '순자산'과 견줬을 때, 1주당 몇 배인지를 보는 것이다. 숫자가 낮으면 낮을수록 저평가됐다는 의미다.

PBR을 중시하는 조 대표는 전형적인 가치 투자자였다. 가치 투자자들은 순자산 대비 주가가 저평가된 종목에만 투자한다. 그 역시 오로지 기업의 가치만 보고 투자한다고 했다. 아무리 차트가 올라도 가치가 '싼 기업'이면 들어간다는 것이다.

이날 추천한 종목은 알루미늄폼을 만드는 '금강공업'이었다. 2년 동안 건설사 출입을 했지만, 알루미늄폼은 처음 들어봤다. 알루미늄폼은 골조 공사에서 거푸집을 만들 때 쓰인다고 했다.

그는 건설 경기가 좋아지면서 알루미늄폼의 수요도 늘어날 것이라고 예상했다. 특히 국내에는 이 알루미늄폼을 만드는 기업이 '삼목에스폼'과 '금강공업', 두 회사 밖에 없다는 것이다. 수요가 늘면 당연히 두 회사의 영업 이익도 늘어날 수밖에 없다고 했다.

그가 금강공업을 선택한 이유는 낮은 PBR 때문이다. PBR 차이가 두 배 가까이 났다. 삼목에스폼의 PBR은 1.5인 반면, 금강공업은 0.6으로 1미만이었다.

"아무리 금강공업을 추천해도 사는 사람은 거의 없습니다. 차트만 보면 최근 너무 많이 올랐기 때문이죠."

실제로 그랬다. 지난해 말까지 1만 원대에 불과했던 주가는 불과 3개월 만에 두 배로 뛰었다. 불기둥이 치솟은 차트만 봐선 살 엄두가 안 났다.

그럼에도 조 대표는 100퍼센트 확신했다. 그의 닉네임이 왜 '교주'인지 알 것 같았다. 그의 과도한 자신감에 살짝 반감이 일기도 했다.

하지만 이후 금강공업의 주가는 '강한 확신'의 충분한 근거가 됐다. 불과 한 달 만에 두 배가 뛰었고, 1년 6개월 만에 다섯 배 이상 치솟았다. 그는 역시 '교주'였다.

조 대표와의 만남은 주식 투자에 대한 나의 시각을 180도 바꿔놓았다. 내가 처음 접한 차트는 주식 투자의 한 가지 방법일 뿐이었다. 나는 가치 투자와 차트 투자 사이에서 갈피를 잡을 수가 없었다. 코에 걸면 코걸이, 귀에 걸면 귀걸이처럼, 어느 장단에 춤을 춰야 될지 헷갈리기 시작했다. 부동산과 달리 주식은 알면 알수록 '속내를 알 수 없는 요물' 같았다.

대부분 부동산 투자는 장기 투자, 주식은 단기 투자라 생각한다. 나 또한 주식은 단기 투자라 생각했다. 조금만 오르면 팔아 버렸고, 반대로 조금만 내려도 안절부절못했다.

하지만 오히려 부동산보다 주식 투자에 장기 투자가 필요한지도 모른다. 실제로 본업에 충실한 직장인들은 장기 투자를 하는 경우가 많았다. 회계학 명강사로 이름을 떨치는 B 회계사는 20만 원일 때 산 삼성전자 주식을 아직도 가지고 있다고 했다. 그는 노후 준비를 따로 하지 않는다고 했다. 10년 이상 주식을 장기 보유하면서 삼성전자만 한 주식이 없다는 사실을 확신했기 때문이다. 주식으로 돈을 벌려면 10년 이상 장기로 묻어둘 그런 주식을 발굴해야 한다.

만약 삼성전자처럼 10년 이상 묻어두면 확실히 오를 종목을 찾을 수만 있다면? 과연 지금도 그런 종목이 있을까? 이미 한국 경제는 저성장 국면에 접어들었다. 90년대 삼성전자 같은 주식은 더 이상 없다. 이런저런 주식 투자에 대한 생각들이 꼬리에 꼬리를 물고 이어졌다.

무엇보다 중요한 점은 내가 처음부터 주식을 잘못 배웠고, 백지 상태에서 주식에 대한 관점을 재정립할 필요가 있다는 사실이었다.

발견의 기회는 우연하게 찾아왔다. 모처럼 찾은 서점에서 눈길을 사로잡는 책이 있었다.

『지금 중국 주식 천만 원이면 10년 후 강남 아파트를 산다』!

중국 주식도 강남 아파트도 아닌, '10년'이란 단어가 눈에 띄었다. 다음 날 바로 저자인 정순필 씨와의 인터뷰를 추진했다.

처음 그를 만나, 짧은 순간에 두 번 놀랐다. 첫째, 그가 저자 치곤 젊은 20대라는 것. 둘째, 게다가 '아이 아빠'라는 것.

그 역시도 처음 주식을 시작하는 사람들처럼 단타 매매에 몰입했다고 했다. 그렇게 5년을 단타 매매에 올인했건만, 투자 성적표는 초라하기 짝이 없었다. 단타 매매의 늪을 벗어날 묘안을 찾다가 발견한 신천지가 바로 중국 주식이라고 했다. 과거 한국이 그랬던 것처럼 그는 새로운 가능성을 감지했다.

"주당 10만 원이었던 삼성전자의 주가가 15년 만에 열다섯 배로 뛰었습니다. 지금 중국에선 얼마든지 '제2의 삼성전자'가 나올 수 있습니다."

그는 중국 주식의 가능성에 대해 확신했고, 본격적인 투자를 감행했다. 지난 3년간 그의 투자 수익률은 최고 300퍼센트에 달했다. 매년 30퍼센트 이상의 수익을 낸 셈이다.

"주식은 절대 단기로 해서는 돈을 벌 수 없습니다. 저도 지금 투자한 주식은 나중에 제 딸아이가 시집갈 때쯤에나 팔 겁니다. 아마 20년 후 정도가 되겠죠."

그는 돌쟁이 딸아이를 위해서 중국 주식 계좌를 만들었다고 했다.

'돌쟁이 딸에게 줄 중국 주식에 투자하라! 20년 뒤 딸아이를 위한 투자만큼 보람된 장기 투자가 또 있을까?'

중국 주식이란 새로운 세계를 접한 다음 날, 바로 증권사로 달려갔다. 모든 절차가 일사천리로 진행되었다. 해외 주식 거래 신청을 하자마자 바로 거래가 가능해졌다. 해외 주식 거래용 앱을 깔고 입금한 원화를 홍콩 달러로 환전했다. 환전 절차도 간단했다. 바꾸고 싶은 통화를 선택한 다음 원하는 금액만 입력하면 됐다. 심지어 원화가 아닌, 이종 통화 간의 환전도 가능했다. 클릭 몇 번으로 추천 종목을 매수했다.

투자할 곳이 없다는 말은 '새빨간 거짓말'이란 생각이 들었다. 세상은 넓고 투자할 곳도 널렸다.

주식,
개미무덤이 될 수밖에 없는

⋮

그와의 관계가 시들해지면서, 국내 주식에 대한 열정도 점차 사그라들었다. 부동산을 대체할 신천지를 발견한 듯 부풀어 올랐던 기대감도, 바람이 빠진 풍선처럼 꺼져버렸다.

국내 주식 투자에 회의를 느낄 무렵, 재테크계 독설가로 유명한 박범영 '텐인텐' 대표를 만났다. 그는 주식과 부동산 투자에서 모두 성공한 몇 안 되는 투자가였다. 대부분 부동산이면 부동산, 주식이면 주식, 어느 한쪽 분야에만 치중했다. 지금까지 그처럼 두 마리 토끼를 다 잡은 사람은 거의 본 적이 없었다.

그는 주식 투자로 번 종잣돈 2억 원을 두 배로 불렸고, 이 돈으로 건물을 지어 월세를 받고 있었다. 부동산과 주식을 합성한 하이브리드였다. 하지만 그가 종잣돈 2억 원을 두 배로 불리기까지는 무려 8년이 걸렸다. 마이너스 80퍼센트까지 빠지는 위기의 순간도 있었다. 그러나 끝까지 믿음을 잃지 않고 버텨냈다. 그 역시도 무척이나 힘든 시간이었다고 털어놨다.

"그래서 제가 주식 투자는 아무나 할 수 있는 게 아니라고 말하는 겁니다. 정말 내공이 있는 사람만이 할 수 있습니다. 한 개인이 그 오랜 시간 동안 출렁이는 주가를 견디며 기다린다는 것은 말이 쉽지, 정말 쉬운 일은 아닙니다."

그와의 인터뷰를 통해 '유레카'를 외칠 만한 깨달음을 얻었다.

주식 투자는 확실한 종목을 골라 목표 주가까지 견디는 내공, 즉 '강한 멘탈'이 중요했다.

압구정 교주 조문원 대표 역시 비슷한 얘기를 한 적이 있었다.

"저평가 가치주를 시장이 알아주는 데는 상당히 오랜 시간이 걸립니다. 거래량도 적기 때문에 원하는 만큼 사려면 한 달 이상 걸리기도 합니다. 하지만 시장에서 가치를 인정받고 이익 실현을 할 때쯤 되면 클릭 한 번으로 1초 만에 팔 수 있습니다."

이들에겐 공통점이 존재했다.

"언젠간 빛을 볼 것이라 믿고 투자한 다음 타이밍이 올 때까지 기다리는 겁니다. 바로 이런 게 가치 투자입니다."

이번만큼은 한번 사면 10년을 장기 보유할 종목을 골라 장기 투자를 실천해야겠다고 마음먹었다.

하지만 고수들의 조언대로 손실을 견디며, 믿고 기다린다는 게 정말이지 쉽지 않았다. 당시 내가 투자했던 종목은 '메디톡스'라는 국내 보톡스 제조업체였다. 서울대 박사 출신들이 모여 만든 벤처회사가 코스닥의 영웅으로 급부상했다. 1만 원도 채 안 하던 주가가 무려 스무 배 이상 껑충 뛰었다. 차트를 보면 투자할 수 없을 만큼 오를 대로 오른 겁나는 종목이었다. 그럼에도 내가 메디톡스를 선택한 이유는 나름의 판단이 있어서였다.

'보톡스는 6개월마다 주기적으로 맞아줘야 하기 때문에 꾸준한 수요가 있다.'

'국내 보톡스는 미국 앨러간 사와 품질은 비슷하지만, 가격은 절반 이상 저렴하다.'

무엇보다도 자주 가는 피부과에선 앨러간 사 제품 대신 메디톡스의 제품을 사용했다.

하지만 주가는 나의 기대를 완전히 빗나갔다. 투자 직후 곤두박질치기 시작해, 한 달 만에 20퍼센트가 빠졌다. 20만 원이었던 매수가가, 불과 한 달 새 16만 원으로 뚝 떨어졌다.

투자금이 워낙 적어 큰 손해는 안 봤지만, 슬슬 불안해지기 시작했다. 괜히 고점에 들어가 물렸다는 후회가 성난 파도처럼 밀려왔다. 불안한 마음에 전문가를 만날 때마다 메디톡스의 향후 주가 전망에 대해 물었다. 누구 하나 속 시원하게 답해주는 사람이 없었다. 도대체 왜 떨어지는지 이유를 알 수 없다는 사실이, 나를 더욱 힘들게 했다.

나는 조만간 오산 공장이 완공돼 생산량이 늘어난다는 사실을 알고 있었고, 미국 시장 계약 성사로 향후 영업 이익이 증가할 것이란 정보도 확인했다. 하지만 매일 아침 파란 불이 들어온 주가 차트를 보는 일은 여간 곤욕스러운 게 아니었다.

끝내 손절을 결심한 것은 또 다른 전문가를 인터뷰한 바로 직후였다.

"예상한 시나리오대로 가지 않는 주식은 바로 손절해버립니다. 손절 가이드라인은 7퍼센트죠. 지금까지 7퍼센트 이상 마이너스 난 종목은 없습니다."

그의 설명을 듣는 순간, 아차 싶었다. 파란 불이 들어온 메디톡스가 떠올랐다.

'그동안 내겐 손절 가이드라인이 없었다!'

'차라리 빨리 털고 다른 종목에 투자하는 게 나을지 모른다.'

며칠 뒤 주식 창에 짧은 양봉이 보이던 날, 두 눈을 질끈 감고 손절을 감행했다. 고작 200만 원 정도였지만, 그래도 속은 쓰렸다. 젊은 투자자로 제도권 금융사의 IB팀에서 일했던 그는 개미들이 바닥을 잡는 것은 하늘의 별따기라고 충고했다.

"개미들은 절대 바닥을 못 잡습니다. 바닥을 잡으려면 시장에서 소외된 가치주를 사서 하염없이 기다려야 합니다. 지옥과 같은 시간이죠. 대부분 개미들은 이 시간을 못 견딥니다."

'지옥과 같은 시간!'

그의 표현이 가슴에 한으로 맺혔다. 그랬다. 정말이지 지옥이었다. 그와 내가 돌아설 수 없는 강을 건넌 것도 그 생지옥 같은 시간 때문이었다. 그가 7억 원이나 '몰빵'했던 종목이, 예상 차트를 벗어나 신저가를 찍어대던 순간, 정말이지 지옥을 경험했다.

당시 그는 하루에 1억 원씩 손해를 봤다. 그땐 진심으로 그가 깡통을 찰 줄 알았다. 무엇보다 사람을 미치게 하는 건 '여기가 바닥이 아닐 수 있다'는 불안감이었다. 더 떨어질 수 있다는 공포감이 서로의 삶을 피폐하게 했다.

더 정확히 그보다는 나의 일상을 더욱 견딜 수 없게 했다. 그때서야 비로소 수험생을 둔 학부모의 마음을 알 것 같았다. 본인도 힘들겠지만, 정작 옆에서 지켜보는 이의 피가 더 바짝바짝 말랐다. 참다 못한 나는 "지금이라도 손절하고 던지라"고 소리쳤고, 그는 "절대 그럴 수 없다"며 맞섰다.

아마도 그때부터였던 것 같다. 뭔가 치열한 직업군에 속한 사람이 이유 없이 싫어졌다. 내가 사는 이곳이 정글인데, 또 다른 정글 속 누군가를 본다는 게 이토록 힘든 일인지 몰랐다. 그때 이후 나의 이상형은 놈팡이로 바뀌었다. 그냥 적당히 일하고, 적당히 쉬는 그런 사람에게 매력을 느꼈다.

결론적으로 그가 내 말을 듣지 않은 건, 아주 옳은 결정이었다. 딱 6개월 뒤 '지옥 같은 주식'은 목표 주가만큼 올랐고, 그는 딱 두 배를 벌었다.

그는 나를 잃었지만, 결국 돈을 벌었다.

그즈음 내 마음을 아프게 했던 메디톡스도 1년 뒤 두 배로 올랐다. 이제 와서 '그냥 좀 더 기다릴 걸' 하는 후회는 부질없다. 나 같은 일반인들에게 손실을 감내하는 가치 투자란 이토록 쉽지 않은 일이다. 이제야 왜 사람들이 차트 투자를 하는지 이해가 됐다. 그들은 그 '지옥 같은 시간'을 최소화하고 싶은 것이다. 조금이라도 덜 기다리면서 수익을 낼 종목을 찾는 것이다.

차트 투자 vs. 가치 투자.

정답은 없다는 결론이다. 자신에게 맞는 투자법으로 진짜 돈까지 벌면 그게 좋은 투자다.

공모주,
마음 편한 투자의 매력

사실 그가 내게 알려주지 않은 한 가지 비밀이 있었다. 아주 나중에 '수급 단타왕'으로 이름을 날리던 재야의 고수를 만나고 나서야 알게 됐다. 그가 숨긴 매매 기법의 본질을 이해하게 된 것이다. '수급 단타왕'이란 닉네임처럼 재야의 고수는 철저히 수급만 보고 단타 매매를 했다.

"지난 5년간 월평균 수익률이 마이너스를 기록한 적은 한 번도 없습니다. 한 달에 최대 5억 원까지 벌어봤습니다."

'한 달에 5억 원이라니!'

그야말로 억 소리가 났다. 그는 인터뷰 전날에도 한 종목으로

만 2,000만 원을 벌었다며 자신 있게 말했다. 비결이 뭘까.

그는 매일 아침 '수급'이 몰리는 상황을 보고 투자를 판단한다고 했다. 여기서 수급이란 주식 시장에 매수자와 매도자가 몰리는 물량을 뜻한다. 한마디로 시장이 주목하는 핫한 주식이다.

이 중에서도 그가 주목하는 포인트는 기관과 외국인의 수급이다. 개미가 아닌, 기관이나 외국인 투자자들의 집중 매수에 편승하는 전략인 것이다. 그는 이들의 매수세가 강력한 종목들 중에서 추가 상승 여력이 있는 것들을 귀신같이 집어냈다.

그랬다. 그들의 공통점은 수급이었다. 2,000만 원으로 10억 원을 만든 그 역시 신통방통하게 수급을 읽어냈다.

"여기 봐봐. 기관, 외국인들이 들어오기 시작했잖아. 이번 매집이 끝나면 본격적으로 가기 시작할 거야."

그제야 가치 투자의 지옥 같은 시간을 피하는 그들의 매매 기법의 실체를 알게 됐다.

"한국 시장에서 가치 투자는 어불성설입니다. 대외 변수에 너무나 취약하니까요. 시장이 어떻게 변할지는 아무도 예측할 수 없습니다."

그는 "저평가된 주식을 발굴해 기다리기엔 기회비용이 너무 크다"며 "바로 들어가서 수익을 내고 나올 수 있는 기업들을 찾는 게 낫다"고 했다.

'한국 시장에 가치 투자는 없다'란 그의 인터뷰 기사는 일대 파란을 일으켰다. 심지어 이 기사를 가치 투자 카페에 올린 게시자가 강퇴를 당하는 사태까지 발생했다. 가치 투자와 수급 투자의 '정답 찾기'는 나만의 숙제가 아니었던 셈이다.

문제는 천부적 재능의 차이였다. 단타 트레이딩의 귀재들에게선 신기한 공통점이 발견됐다. 스스로 자신들의 매매 기법에 대해 100퍼센트 정확하게 설명하지 못한다는 것이다. 물론 설명은 했지만 그게 전부는 아니었다. 말로는 설명할 수 없는 그 무엇이 분명 존재했다. 아마도 후천적인 노력으로 길러지거나, 누군가의 이론을 학습한 능력이 아니라, 태어날 때부터 내재된 재능일 것이다. 어떤 사람은 날 때부터 노래를 잘하고, 어떤 이는 춤을 잘 추고, 또 다른 이는 운동을 잘하고……. 각 분야의 상위 1퍼센트는 노력으로 따라갈 수 없는 재능을 타고난다.

주식도 마찬가지다. 단타 트레이딩으로 기가 막히게 돈을 버는 이들은, 범인들이 함부로 흉내 낼 수 없는 트레이딩 감각을 타고난다. 이른바 신동이다. 여기에 후천적 노력까지 장착된다면, 그때는 게임 끝이다. 그 똑똑한 경제학자들이 실전 투자에서 맥을 못 추는 이유도, 공부 머리와 '투자 감각'이 다른 재능이기 때문이다.

안타깝게도 나 또한 천부적 트레이딩 감각은 없는 듯했다. 포기는 빠르면 빠를수록 좋다. 괜히 뱁새가 황새 따라가려다 가랑이 찢어지지 말고, '제3의 길'을 모색해야 했다.

그때 마침 눈에 들어온 책이 『나는 오피스텔보다 공모주 투자가 좋다』였다. 당시 주식 시장의 화제는 삼성에스디에스 공모주 청약이었다. 첫날 올린 수익률이 173퍼센트에 달했다. 참새가 방앗간을 그냥 못 지나가듯, 저자 인터뷰를 추진했다.

30년 증권맨 출신인 이병화 씨의 첫인상은 확실히 여느 주식 고수들과 달랐다. 그에게선 기름기가 쫙 빠진 담백한 느낌이 났다. 그는 특유의 느리고 차분한 말투로 공모주 투자 설명을 시작했다. 틈새 투자로 일반인들에게는 생소하게 느껴지는 공모주 청약은, 비상장 주식이 공개 모집 절차를 밟아 유가 증권 시장에 상장을 진행하는 과정이다.

"공모주 투자를 하면 정신이 아주 맑습니다. 주식처럼 매일 주가에 연연하지 않기 때문이죠. 매일 신경 쓰며 마음 졸이는 대신 마음의 평정을 유지할 수 있습니다."

'마음의 평정'이란 표현에 믿음이 갔다. 그는 철저히 시초가 매도 원칙을 고수했다. 청약 절차를 밟은 공모주가 상장되는 첫날, 처음 형성되는 시장 가격으로 팔아버린다는 것이다.

"만약 상장 이후 주가가 더 오를 수도 있을 텐데요. 그때는 아깝지 않을까요?"

"물론 그렇겠죠. 하지만 상장 이후에도 주가에 연연하면 그건 공모주 투자가 아니라 주식 투자가 되죠."

더욱 재밌는 사실은 주식을 계속 보유해봤자 크게 남는 것도 없다는 점이다. 연간 수익률을 계산해보면, 시초가 매도와 종가 매도의 수익률이 비슷하게 나온다.

"지난 20년간 공모주 투자를 하면서 한 해도 마이너스 수익이 난 적이 없습니다."

그 역시도 단타 매매, 정보 매매 등 증권사 경력 30년에 안 해본 투자가 없을 정도라고 했다. 하지만 그 많은 투자 중에서 리스크가 낮은 투자를 꼽자면 단연 공모주가 1등이라고 설명했다.

돈 냄새는 개코처럼 맡는 나는 '바로 이거다!'라고 확신했다. 삼성에스디에스 이후 다가오는 제일모직 공모주 청약에 만전을 기하기로 했다. 공모주 투자의 단점은 총알이 두둑해야 돈을 번다는 것이다. 공모주 배정은 청약 증거금 규모에 따라 결정된다. 그러니까 돈이 돈을 버는 구조. 적어도 5,000만 원 이상은 현금을 보유해야 조금 재미를 볼 수 있다.

생애 첫 공모주 청약! 과감한 배팅이 필요한 시점이었다. 동원 가능한 현금은 전부 다 끌어모았다. 마이너스 통장(한계 대출)을 처음 만들었고, 예금 담보 대출, 보험 담보 대출, 심지어 변액 보험 중도 인출까지 받았다.

총알을 장전하고 기다렸던 청약이 시작됐다. 마지막 날까지 눈치를 보다 경쟁률이 낮은 증권사를 통해 배팅했다. 하지만 돈 되는 정보는 나만 아는 게 아니었다. 무려 25조 원이 몰렸다. 공모주 청약 사상 최대치였다. 소액 투자자였던 내게 배정된 양은 9주에 불과했다.

일주일 뒤 상장 당일. 시초가 매도를 결심했다. 하지만 공모가 5만 3,000원짜리 주식이 시초가 17만 원에서 시작하는 것을 본 순간, 매도 버튼을 누를 수가 없었다. 상장 첫 날 수익률만 190 퍼센트에 달했다. 다음 날에도, 그다음 날에도, 주가는 쉬지 않고 올랐다. 사흘 간 누적 수익률이 200퍼센트를 넘어섰다. 국내 주식 투자를 통틀어 맛본 가장 높은 수익률이었다.

그 당시 만나는 지인들에게도 제일모직 공모주 투자를 추천했다. 하지만 반응은 뜨뜻미지근했다.

"그거 해봤자 얼마나 버는 거야? 삼성에스디에스도 1억 원 투자해서 몇 주 못 받았다던데?"

그들은 푼돈 버는 게 귀찮다는 이유로 공모주 청약을 하지 않았다. 하지만 단돈 10만 원이라도 내 돈을 직접 투자해보는 것과 그냥 옆에서 보는 것은 말로 설명할 수 없는 차이다.

경험만큼 큰 배움이 없다.

해외 주식,
전문가가 절실한

5년 만에 다시 찾은 중국의 낮은 하늘은 여전히 희뿌옜다. 신년 기획 기사 취재를 위해 중국의 명동 '상하이 와이탄'을 다시 밟았다.

'세계의 갑부들이 상하이로 몰린다.'

이번 기획 기사의 주제였다. 2014년 11월, 중국의 후강퉁沪港通, 외국인들도 중국 상하이 주식에 투자할 수 있도록 시장을 개방한 제도 이후 중국 주식 직구족이 급증했다.

과연 현지 분위기는 어떨지 궁금했다. 무엇보다 중국 주식으로 꽤 짭짤한 수익을 올렸기에 직접 생생한 투자 정보를 얻고 싶었다. 현장에서 발품을 팔며 중국 금융권에서 종목을 추천받아 보기로 했다.

그런데 상하이 현지 증권사의 상황은 생각보다 열악했다. 중국에서 세 번째로 잘나간다는 '광대증권'을 찾았다. 오후 늦은 시각, 사복을 입은 직원들이 농담 따먹기를 하며 여유롭게 업무를 보고 있었다.

"한국에서 온 투자자입니다. 후강퉁 이후 중식 주식 종목을 추천받고 싶어요."

유창하진 않지만, 나름 해외 출장으로 단련된 영어로 질문을 했다. 그러자 평화롭던 이들의 분위기가 순식간에 깨졌다. 당황하는 기색이 역력했다. 그네들끼리 중국말로 쑥덕거리는 목소리가 나한테까지 들렸다. 한참 얘기를 하더니, 영어를 좀 한다는 다른 직원을 불렀다. 사복을 편하게 입은 남자 직원이 다가왔다.

"중국 본토 시장에 투자하고 싶은데, 추천할 만한 종목이 있을까요?"

"후강퉁 주식을 추천해달라고요? 외국인들도 중국 주식에 투자를 할 수 있나요?"

그들은 외국인도 중국 주식 시장에 투자할 수 있다는 사실을 알지 못했다.

"후강퉁 시행 이후 외국인들도 투자가 가능하게 됐어요."

내 설명에 그는 고개를 갸우뚱해 보였다.

"일단 투자가 가능하다고 하니 추천은 해줄게요. 그런데 이건 3개월짜리 투자라서 그 뒤로는 책임 못 져요. 개인적으로 '중청려홀딩스'라는 여행 주식이 괜찮은 것 같아요. 흔히 알려진 여행주는 '중국국제여행사'지만, 저평가된 주식으로 치면 중청려홀딩스가 더 낫다고 볼 수 있어요."

중청려홀딩스? 한국에선 단 한번도 들어본 적이 없는 종목이었다. 중국 내 1위 여행사인 중국국제여행사는 한국 증권사들의 추천 종목 1순위에 꼽힐 만큼 인기가 많았다. 하지만 2위 업체라고 소개한 중청려홀딩스는 이름조차 생소했다. 그가 3개월짜리 투자라고 신신당부하던 모습이 떠올랐다. 피식 웃음이 났다.

'여기도 장기 투자는 글렀군.'

이튿날 규모가 더 큰 증권사를 방문해보기로 했다. 상하이 구베이 메인 상가 3층에 위치한 중국 최대 증권사 '중신증권' 지점을 찾았다. 한국 주재원들이 다수 거주하는 이곳은 확장 공사가 한창이었다. 공사 먼지가 날리는 한편에서 안경을 낀 여직원들이 업무를 보고 있었다.

"한국에서 온 투자자예요. 후강통 종목 추천 좀 받을 수 있을까요?"

혹시나 영어를 못 알아들을 걸 대비해 전날 준비해둔 중국어

메모를 내밀었다. 이들 역시 외국인이 중국 본토에 투자를 할 수 있느냐, 없느냐를 놓고 한참을 옥신각신했다. 그들만의 토론이 10분 가까이 이어졌지만, 나는 인내심을 발휘했다. 최선을 다해 그들을 설득한 덕분에 고급진 엘리트 영어를 구사하는 투자 컨설턴트를 만날 수 있었다.

정직한 모범생 이미지의 이 남성은 나를 보더니 '정체를 알 수 없는 외국인'이라는 듯한 표정을 지었다.

"물론 알고 있겠지만 중국은 1당 공산당 체제예요. 투자에 있어서도 정부의 정책이 관건이죠. 현재 중국 정부의 최대 현안은 환경 오염 문제입니다."

그는 중국 정부가 환경 오염 해결을 최우선 정책 과제로 추진 중이라고 설명했다. 한국 증권사와는 전혀 다른 투자 관점이었다.

"환경 오염 관련 추천주는 '비달환경보호'와 '북경캐피탈'이란 종목이에요. 비달환경보호는 공기 오염을 정화하는 회사고, 북경캐피탈은 물 오염 관련 기업이에요."

'비달환경보호, 북경캐피탈……. 어디서 이런 촌스러운 이름들을.'

"죄송한데, 이름 대신 종목 코드를 알려주세요. 이름이 너무 어렵네요."

그가 알려주는 '종목 코드'를 열심히 받아적었다.

"그다음으로 고속 철도 관련주도 괜찮아요. 중국 정부는 현재 옛날 실크로드 위에 육로와 해로를 재건하는 '일대일로一帶一路, One Belt One Road' 정책을 추진 중이에요. 고속 철도 관련주는 향후 최대 수혜주가 될 수 있겠죠? 개인적으로 '중국철도건설'을 좋게 봐요. 중국 기업을 볼 땐 이름을 유심히 보세요. 이름에 '중中' 자가 들어가는 건 정부가 쓰도록 허락해준 거예요."

이름에 '중' 자가 들어간 중국철도건설은 고속 철도를 생산하는 최대 기업이라고 했다. 그와의 상담은 30분 넘게 이어졌다.

그에게 중국의 카카오톡인 '위챗' 아이디를 물었다.

"제가 가끔 연락해도 될까요? 한국에선 현지 정보를 얻기가 너무 힘들거든요."

"물론이죠. 언제든지."

짧은 일정을 마치고 한국으로 돌아오는 비행기 안에서 뿌듯함과 씁쓸함이 오묘하게 교차했다. 중국 현지에서 받은 추천 종목은 국내에선 그야말로 한 번도 들어본 적이 없는 '듣보잡(듣지도 보지도 못한 잡종)'이었다. 오히려 국내 증권사 추천 종목을 내밀었더니 한결같이 의아한 표정을 지었다.

과연 누구의 말이 맞는 것일까. 결론은 3개월 뒤 수익률로 증명됐다. 모범생 컨설턴트의 추천 종목은 불과 3개월 만에 50퍼센트 이상의 수익을 냈다. 하지만 국내 전문가가 추천했던 천덕꾸러기 같은 종목은 여전히 마이너스 20퍼센트였다.

게다가 이 종목들은 정확히 3개월짜리였다. 중국 상하이종합지수는 2007년 전고점인 5,000선 가까이 찍은 이후 폭락해 3,000선 초반까지 주저앉았다. 한 달 새 30퍼센트 이상 거품이 빠졌다.

하지만 국내 중국 주식 전문가들은 말한다. 10년 동안 묻어둘 주식에 투자하라고.

'아, 진짜 세상에 믿을 사람이 없군.'

다시 한 번 전문가의 중요성을 느낀 순간이었다.

'역시 사람이다.'

누가 옆에 있느냐에 따라 사람이 달라지고, 심지어 수익률까지 달라진다. 전문가가 아닌 비전문가에겐 더더욱 그렇다.

사실 재테크 전문 기자로서의 나의 실력이란, 내가 전문가가 되는 것이 아니다. '진짜 실력 있는 전문가'를 선별하는 게 내가 갖춰야 할 능력이다. 하지만 이것만큼 어려운 게 또 없다. 정말이지 사람은 내게 영원한 숙제와도 같다. 새삼 세상에서 가장 무서운 게 사람이라고 생각했다.

돈,
결국 사람이 버는

:
:
:

벌써 1년이 훌쩍 지났다. 주식 투자에 본격적으로 뛰어든 지도. 새하얗던 도화지에 얼룩덜룩 나만의 그림을 그렸고, 성에 차지 않는 완성도 때문에 지웠다 다시 그리기를 몇 번. 어디 가서 주식 얘기라면 빠지지 않을 정도는 하게 됐다.

하지만 투자 성적표는 초라하기 짝이 없었다. 가끔 햇살 좋은 날도 있었지만, 대부분이 우중충하게 구름 낀 중국 날씨처럼 꾸물꾸물했다. 주식은 부동산과 달리 딱히 큰돈을 벌었다는 느낌이 없었다. 더 답답한 건 일일이 따져보지 않는 이상 수익률조차 안개 속이란 점이다.

바로 그때 불현듯 잊고 있던 계좌 하나가 섬광처럼 스쳤다.

'맞다. 한국채권투자자문 투자일임계좌.'

딱 1년 전쯤 〈짠순이·짠돌이 시리즈〉로 만난 직장인 투자자에게 소개받은 책이 있었다. 펀드매니저가 쓴 『채권투자노트』다. 채권이란 생소한 분야를 처음 접한 나는 저자인 김형호 '한국채권투자자문' 대표를 인터뷰했다. 그와의 인터뷰는 무려 4시간 가까이 이어졌다. 김 대표님은 채권의 '채' 자도 모르던 내게, 아주 큰 인내심을 발휘해가며 쉽게 설명해주셨다.

"채권은 주식에 비해 정말 안전한 투자입니다. 아무리 채권 가격이 떨어지더라도 만기까지만 버티면 원금은 보장받으니까요. 채권 투자의 리스크는 회사 부도 이외에는 없습니다."

국내 채권 펀드매니저 1세대인 그는 지금까지 채권 투자로만 돈을 벌었다고 했다.

"채권을 잘 모르는 사람들에겐 기회가 보이지 않습니다. 하지만 속내를 잘 들여다보면 수백 퍼센트의 수익률을 낼 기회가 2, 3년에 한 번씩은 옵니다."

무엇보다 나의 마음을 사로잡은 건, 저녁 약속이 거의 없는 절제된 그의 생활이었다. 김 대표는 "투자 판단을 위해선 늘 머리가 맑아야 한다"며 "항상 책을 읽으며 공부한다"고 강조했다. 충분히 그럴 만한데도, 거창한 언론 플레이도 하지 않았고, 대대적 광고도 내지 않았다. 그저 묵묵히 오뚝이처럼 자기 길을 걷는 전문가의 느낌을 강하게 받았다.

"성 기자님도 한번 맡겨보세요. 비우량 채권에 투자하면 공모주 투자할 때 훨씬 유리하니까요."

일단 대표님을 믿고 맡겨봐야겠다고 생각했다. 한 달 뒤, 만기가 돌아온 적금을 탈탈 털어 김 대표님께 일임했다. 투자일임 계약 치곤 큰 금액은 아니었지만, 감사하게도 받아주셨다.

사실 당시 나는 채권 투자일임 계약이 무엇인지 100퍼센트 이해하지 못했다. 내 머릿속에 투자 자문사는 주식 투자 자문사만 있었기에, 나 대신 관리를 해주는 일종의 사모펀드Private Equity Fund, PEF. 소수의 투자자들로부터 자금을 모아 주식이나, 채권 등에 운용하는 펀드라고 오해했다.

하지만 그게 아니었다. 투자 자문사는 주식뿐만 아니라, 모든 투자 상품에 대해 투자할 수 있고, 자문형과 달리 일임형은 고객의 투자 관련 전권을 자문사에 위임하는 것이었다. 일반인들이 흔히 착각하는 사모펀드는 49명 이하의 투자자들이 모여 자기네들끼리만 하는 투자다. 우리나라에서도 일부 회사에서 사모펀드라는 명칭으로 투자 자금을 모집하지만, 이는 법적으로 사모펀드가 아니다. 더 정확한 표현은 투자조합이다.

내가 맡긴 돈의 70퍼센트는 BBB+ 등급의 비우량 채권을 사는 데 사용됐고, 나머지는 공모주 등 주식 투자에 쓰였다.

무엇보다 투자일임 계약의 좋은 점은 평소엔 전혀 신경 쓸 일이 없다는 것이다. 3개월에 한 번씩 자산 운용 보고서가 이메일로 올 때만 수익률을 확인했다. 사실 처음엔 수익률에 크게 연연하지도 않았다. 그렇게 1년이 다 되어 갈 무렵, 큰 기대 없이 수익률 뚜껑을 열어봤다. 누적 수익률이 무려 25퍼센트나 됐다.

'뭐? 수익률 25퍼센트? 완전 대박!'

그저 잊고 있었을 뿐이다. 사람 하나 믿고 맡겼을 뿐이다. 그런데 나도 모르는 사이 내 자산은 무럭무럭 자라고 있던 셈이다. 그제야 무릎을 쳤다.

'그래. 진짜 전문가를 찾는 게 실력이다. 괜히 직접 하겠다고 용을 쓸 필요가 없다. 하루 종일 자기 분야만 생각하는 전문가를 나는 결코 따라갈 수 없다.'

초라한 나의 직접 투자 성적표와 대박이 난 투자일임계좌 성적표. 빨간 불과 파란 불의 선명한 대비는 향후 투자 나침반이 되기에 충분했다.

문제는 높은 문턱이었다. 업계에서 이름 꽤나 날리는 자문사들은 대부분 억 소리가 났다. 1억 원 미만의 푼돈(?)을 받아주는 자문사는 거의 없었다. 신생 자문사들도 수탁고가 몰린다 싶으면 최소 투자금을 냉큼 올려버렸다.

'참. 서럽군. 1억 원도 없는 서민들은 어디 돈 맡길 곳도 없네.'

하지만 얼마 뒤, 귀를 의심할 만한 얘기를 들었다.

"최소 투자금? 그런 거 없습니다. 100만 원도 받아주고, 500만 원도 받아줍니다. 우리 조카들 세뱃돈도 받아주는데요?"

"네? 정말요?"

다시 한 번 확인했다.

"요새는 기술이 좋아져서 200개까지 한 번에 매매할 수 있습니다. 기술적으로는 계좌 수가 아무리 많아도 관리 가능합니다. 근데 금액이 너무 적으면 귀찮으니까 안 하는 거죠. 그대로 저는 다 합니다. 1억 원도 소중한 돈이지만, 누구에겐 100만 원도 소중한 돈일 수 있거든요."

메리츠종금증권의 문필복 전무였다. 30대 초반부터 17년간 주식 투자를 해온 그는 입사 후 지금까지 단 한 번도 제대로 휴가를 떠나본 적이 없다고 했다. 영업직에서 전무로 파격 승진한 지금도 직접 기업 탐방을 다닌다고 했다. 김형호 대표님처럼 그역시도 저녁 약속을 잘 잡지 않았다. 회식도 다음 날 부담이 없는 금요일에만 했다. 그 둘에게는 분명 비슷한 아우라가 있었다.

자신의 이름을 건 '문필복 랩'을 운영하는 그는 지난 17년간연 30퍼센트의 수익률을 꾸준히 올려왔다. 심지어 2008년 글로벌 금융 위기 때도 손실을 보지 않았다고 했다.

"잃지 않는 투자를 하는 게 중요합니다. 1억 원으로 10억 원을 벌었어도 다시 5억 원을 잃으면 심리적 충격이 크죠. 차라리 매년 1억 원씩 꾸준히 버는 게 낫습니다."

잃지 않는 투자라는 그의 설명에 더욱 신뢰가 갔다. 매년 꾸준히 30퍼센트 가까운 수익률을 올린다는 건 정말이지 보통 일이 아니다. 무엇보다 그는 제도권 금융사에서 자신의 이름을 건 랩을 운용하고 있었다. 투자 자문사도 아닌 개인이 증권사에서 랩을 직접 운용한다는 건 결코 쉬운 일이 아니다. 하지만 나를 사로잡은 한마디는 따로 있었다.

"숱한 스카우트 제의가 있었지만, 다 뿌리치고 17년 동안 이곳에 있었습니다. 같이 입사했던 동기들은 다 떠나갔지만, 저한테는 회사가 해준 게 더 많으니까요."

공무원도 아닌, 증권맨이 17년간 한 회사라니! 그는 돈보다 소중한 가치를 아는 게 분명했다. 또 한 번 그를 믿어보기로 했다.

투자일임 계약서를 쓰면서 한없이 작아지는 나 자신을 발견했다.

하늘을 찌를 듯한 자신감은 온데간데없이 사라지고, 투자의 세계 앞에 겸손함만 남았다.

돌아 돌아 왔지만, 결국 제자리를 찾은 셈이다.

PART IV

월세보다
사람이 좋다

희망

"준비된 여자의 인생은 아름답다."

내일은 없다,
우리들의 영원한

채워지지 않는 공허함이었다. 숨도 쉬지 않고 헐떡거리며 자전거 페달을 밟는데, 늘 무언가 허전하고 텅 빈 듯했다. 이유는 알 수 없었다.

뒤돌아보면 30대 초반 나는, 심각한 중병 환자였다. 학창 시절 감정 없는 로봇처럼 공부했고, 대학 시절에도 취업을 목표로 미친 노력을 했다. 그토록 바라던 기자 타이틀을 거머쥐었지만 끝은 아니었다. 특종 기자를 꿈꾸며 전력 질주했지만 암초에 부딪혔고, 결국 궤도를 수정해 『빌딩부자들』이란 책을 냈다. 책은 10만 권 이상 팔리며 베스트셀러 반열에 올랐지만 좌천의 아픔을 겪었고, 그 뒤 본격적으로 부동산 투자에 뛰어들어 1년 만에 『월세의 여왕』을 출간했다. 순식간에 이직을 했고, 우여곡절 끝에 재테크 팀장이 됐다.

어언 10년 차를 앞둔 '기자 성선화'의 모습은 최고는 아니어도, 그럭저럭 봐줄 만했다. 남들 보기에 부러워할 만한 구석도 조금 있었다.

하지만 정작 나는, 미치도록 행복하지 않았다. 여전히 내 삶은 수습기자처럼 팍팍했고, 무언가에 쫓기는 듯 여유가 없었으며, 살얼음판처럼 불안한 하루하루를 살아내고 있었다. 그냥 인생이 원래 행복하지 않은 것이라 치부했다. 가끔씩 죽도록 힘이 들었지만, 남들도 다 그런 거라 여겼다.

그러나 내가 몰랐던 진실이 있었다. 사회적 성공만 바라봤던 나는, 경제적으로도 정신적으로도 온전치 못한 반쪽이었던 것이다. 두 다리로 제대로 뛰는 것이 아니라, 접질린 한쪽 다리를 끌고 절뚝거리며 피를 흘렸다.

꽤 오랜 시간 중병을 앓고 나서야, 내가 환자임을 알게 됐다. 그 누구도 아닌 스스로의 힘으로만 치료할 수 있는 병이라는 사실도 알게 됐다. 다행이었다. 더 늦기 전에 깨닫게 되어서. 무엇보다 나의 중병을 일깨운 건 8할이 사랑이다. 경제적으로 정신적으로 온전한 독립체가 아닌 나의 사랑은 번번이 실패로 돌아갔다.

아이러니하게도 그와 나의 인연이 끊어진 바로 그날은, '30대 싱글 여성 재테크 모임'이 처음 있던 날이었다.

"나 지금 술을 많이 마셨어. 정말 피곤해. 내일 얘기하자."

다른 여자를 앞에 앉혀놓고 "결혼하자"며 목소리를 높이던 그가 냉정하게 전화를 끊었다.

'그래. 내일⋯⋯.'

그에게 내일은, 오늘이 가면 자연스럽게 오게 되는 그런 시간이겠지만, 나에게 있어 우리의 내일은, 영원히 다시 오지 않을 것이다. 우리의 내일이 사라진 뒤로, 나만의 내일이 다시 떠오를 것이다. 그대 없는 나의 30대도 꽃처럼 아름다울 것이다.

사회 초년병 시절, 스스로 쓸 만큼 충분한 돈을 벌 수 있을 거라 상상조차 하지 못했다. 기자는 명예직이라 생각했고, 돈은 내가 아닌 '누군가'가 벌어다 주는 것이라 생각했다. 경제적 자립이란 내겐 딴 세상 얘기였다.

하지만 세상에 공짜는 없었다. 능력 있고 돈 잘 버는 남자는 '돈값'을 했다. 누군가 나를 위해 돈을 벌어다 주면, 나는 그를 위해 일정 부분, 아니 그 이상을 희생해야 한다.

'내가 널 위해 이렇게 고생하며 돈 벌어다 주는데, 그 쥐꼬리만 한 월급 받겠다고 굳이 네가 일을 해야 돼?'

돈 잘 버는 남자들의 솔직한 속내다. 그들은 검은 속내가 채워지지 않으면 결국 한눈을 팔고 딴짓을 한다. 이때 경제적으로 자립하지 못한 여성이 선택할 수 있는 방법은 두 가지다. 스스로의 무능력을 인정하고 상대방의 요구를 받아들이든가, 더럽고 아니꼬우면 남자보다 더 많이 벌든가.

경제적 자립은 한 인간의 선택권을 넓혀준다!

거의 1년 만에 다시 만난 그는 억대 스포츠카를 끌고 나타나 돈 자랑을 했다. 하지만 한 달에 1억 원씩 번다는 그의 자랑질이, 억대의 스포츠카를 끄는 그의 모습이, 내겐 큰 감흥을 주지 못했다.

"이런 거 타고 나가면 여자들이 껌벅 죽니? 근데 난 별로야. 차라리 난 나만 바라보면서 정서적 안정감을 주는 사람이 더 좋아."

내가 부자여서가 아니다. 돈을 잘 벌어서는 더더욱 아니다. 돈 때문에 누군가를 선택하지 않을 정도로 벌 자신은 있었다.

그랬다. 돈이란 결국 '자격지심'의 문제였다. 별것도 아닌 돈에 그토록 내 자신이 초라했던 이유는, 진짜 돈이 없어서가 아니라, '스스로 돈을 벌 자신'이 없었기 때문이다.

가난보다 무서운 것이 바로 '가난한 자신감'이었다.

지금에 와서야 그때의 미숙함을 뒤틀리는 아픔으로 반성했다. 갑자기 스스로가 대견하게 느껴졌다. 더 이상 잘난 남자들의 별

것 아닌 말 한마디에 '돈 없다고 무시한다'며 부르르 떨던 초짜 기자 시절의 성선화가 아니었다.

어딘가 나와 같은 여성들이 있지 않을까? 우리가 함께 모일 수는 없을까?

서른이 넘어가면서 또래 친구들이 점점 하나둘 사라지기 시작했다. 치열한 삶의 한가운데서 나만 홀로 있는 느낌이었다. 나는 이렇게 미치게 힘이 든데, 외롭고 힘들고 아픈데, 결혼도 안 하고 치열하게 자기 삶을 사는 나와 비슷한 여자 친구들은, 정말 괜찮은 걸까……. 우리가 함께 모여 서로 믿고 의지할 수는 없을까. 뿔뿔이 흩어져 삶의 전쟁을 치르고 있는 여성들이 함께할 순 없을까.

'30대 싱글 여성 재테크 모임'은 이렇게 탄생했다. 결혼보다는 독립, 사랑보다는 일, 경제 독립을 꿈꾸는 여성들의 모임을 만들고 싶었다.

공통의 관심사는 재테크였다. 더 멀리는 15년 후 여성 리더라는 비전을 공유했다.

하지만 그는 우리 모임이 마음에 들지 않는다고 했다.

"너랑 비슷한 애들끼리 모여서 뭐하는 거야? 보나마나 뻔하지. 돈 벌어서 연하 만나자, 뭐 이런 얘기하는 거 아니냐?"

이날 모인 친구들은 외모, 직업 등 어디 하나 빠지는 게 없었다. 우리가 힘을 합치면 뭐든지 해낼 수 있을 것 같았다.

집으로 돌아오는 길. 가슴속 깊은 곳에서 끌어오르는 뜨거운 동지애를 느꼈다.

'그래. 난 혼자가 아니었어. 나는 혼자가 아니었다고.'

왕관을 쓰려는 자,
그 무게를 견뎌라

내재된 우울감이 차가운 뱀처럼 온몸을 휘감았다. 잊은 듯하다가도 조금만 방심하면 스물스물 기어 나오는 몹쓸 병이다. 그녀와 인터뷰가 있던 그날도 그랬다. 온몸은 만신창이가 된 듯 피곤했고, 머릿속엔 산더미처럼 쌓인 일들로 가득했다. 잠을 설친 피부는 거무튀튀했고, 지친 혀끝엔 혓바늘이 돋아 따끔거렸다.

토익 스타 강사인 그녀와의 약속은 한 달 전부터 예정됐었다. 심신이 방전된 배터리처럼 지쳐 있었지만, 나는 그녀를 꼭 만나야 했다.

오후 5시. 그녀의 사무실로 들어섰다. 강한 카리스마를 가진 그녀가 나를 맞았다. 연봉 10억. 성공한 커리어우먼으로서 당당한 그녀가 대단해 보였다.

"자신을 하나의 상품이라고 생각하면 돼요. 나라는 상품의 완성도를 높이는 게 관건이죠. 특히 여성들은 객관화가 약한 것 같아요."

자신을 객관화된 상품으로 인식할 수 있어야 한다는 설명이다. 그녀의 주된 관심사는 객관화된 상품으로서의 자신이다. 그녀의 출발이 일반적인 강사들과 남달랐던 이유도 여기에 있다. 그녀는 강사료로 받은 월급의 전부를 개인 영어 연구소에 쏟아부었다.

"물론 당시 학원에서 받은 월급 2,000만 원으로 재테크를 할 수도 있었겠죠. 하지만 몸값을 높여 판을 키우는 게 차라리 더 낫다고 판단했어요."

눈앞의 재테크에 연연한 것이 아니라, 멀리 보고 스스로에게 투자를 한 것이다.

확실히 그녀는 남달랐다.

"웬만하면 안 보고 안 들으려고 해요. 마음이 딴 데 가 있으면 분명히 티가 나게 돼 있거든요. 일에 방해가 되는 일은 일절 하지 않으려고 노력하고요."

그녀는 강의를 제외한 모든 일들에 대한 '감정 소모'를 최소화

한다고 했다. 일에 방해가 되는 무의미한 감정 낭비는 철저히 배제한다는 것이다.

10년 동안 정상의 자리를 지켜온 그녀의 자기 관리는 무섭도록 지독했다. 강의 시간 이외의 그녀는 늘 힘 빠진 강아지처럼 지쳐 있는 듯했다. 나보다도 더 지쳐 보이는 그녀에게 물었다.

"목표도 중요하지만 너무 힘들어 보이네요. 그렇게 극도로 감정을 절제하는 삶은 불행하지 않을까요?"

강의 밖에 없는 무미건조한 그녀의 삶에 무슨 재미가 있을까 싶었다.

"어차피 아무리 감정이 풍부한 사람도 항상 행복할 수는 없어요. 그들도 얼마든지 불행할 수 있죠. 어찌 보면 행복과 불행에 대해 지나치게 예민한 건 감정적 사치일 수 있어요."

조심스럽지만 미혼인 그녀의 결혼관에 대해서도 물었다.

"하나를 선택했다면 나머지 부분은 과감히 포기할 줄 알아야 해요. 명예와 성공을 선택했다면 행복한 결혼의 잣대를 놓고 다른 사람과 비교해선 안 되죠. 비교만큼 인간을 불행하게 만드는 게 없는 것 같아요."

결혼을 인생의 목표로 잡지 않은 그녀에게, 결혼의 잣대를 들이대지 말라는 일침이었다. 순간, 삶의 무게에 지쳐 약해졌던 내 모습이 부끄러웠다.

'왕관을 쓰려는 자, 그 무게를 견뎌라.'

그녀가 가장 좋아하는 말이라고 했다.

과연 내가 쓰고 싶은 왕관이란 무엇일까, 또 내가 견뎌야 할 무게는 얼마나 될까. 그는 나의 왕관일까, 남자에게 내 인생을 걸 수 있을까. 끝도 없는 상념들이 나를 괴롭혔다.

태어나서 그토록 할 일이 있음에 감사한 적은 없었다. 해야 할 일이 있어 참 행복하다고 생각했다. 매일 출근할 곳이 있고, 또 매일 만나야 할 사람들이 있음에 감사했다. 폭발할 듯 곤두섰던 신경도, 하루 이틀 출근을 하면서 조금씩 누그러들었다.

그즈음 내겐 새로운 도전이 주어졌다. 이데일리 자회사인 케이블 방송의 재테크 프로그램의 공동 진행자를 맡게 된 것이다. 그전에도 10분 정도의 짧은 코너를 진행해본 적은 있지만, 메인 MC는 처음이었다. 한동안 무기력증에 시달렸던 열정에 다시 불이 붙는 느낌이었다.

'방송? 그래. 까짓 거 한번 해보자!'

도전 의식이 생겼다.

방송 녹화 첫날, 오랜만에 미용실을 찾았다.

"기자님, 오늘은 무슨 방송 나가세요?"

"우리 회사 방송이에요. 개그맨 박준형 씨와 공동으로 이번에 새로 생기는 재테크 프로그램을 하나 맡게 됐거든요."

"어머, 축하드려요."

"하하. 네, 감사합니다. 사실 방송은 안 해봐서 걱정이네요. 잘 할 수 있을지 모르겠어요."

"걱정 마세요. 요샌 기자들도 방송 출연 많이 하잖아요. 종편에 그런 프로그램들 많아요. 기자님도 나쁜 여자 콘셉트로 나가면 딱일 것 같아요."

"하하하. 나쁜 여자 콘셉트요? 아니, 제가 왜 나쁜 여자예요?"

"아, 그게 진짜 나쁘다는 게 아니에요. 뭐, 이런 거 있잖아요. 당당하고 주체적이고. 그래서 남자들이 자기 마음대로 할 수 없는, 그러니까 남자들 입장에선 나쁜 여자라고 하는 거예요. 요즘에 그런 여자가 대세예요."

"뭐, 그런 의미라면 저도 나쁜 여자는 맞네요. 하하. 평소 제 주장은 여자가 돈을 벌어야 한다는 거니까요. 그래야 자기가 원하는 남자랑 결혼도 할 수 있고, 자존감도 높아진다고 생각해요."

"바로 그거예요. 기자님 같은 여자를 요즘 나쁜 여자라고 해요."

미용실 언니는 나쁜 여자를 힘줘 강조했다. 우연히 스쳐 들은 말이지만, 복잡했던 머릿속이 말끔히 정리되는 느낌을 받았다.

'그를 사랑했지만, 내 전부를 희생할 정도는 아니었다.'

'사랑도 중요하지만, 내 일보다 우선순위에 놓을 수는 없다.'

그러니까 착한 여자 코스프레 따윈 애당초 내게 맞지 않았다.

한동안 허공을 응시했다. 하늘에 감사했다. 소중한 사람을 내게로 오게 하고, 또 머물게 하고, 심지어 사랑하게 해주심에. 그를 통해 나는, 많은 걸 얻었다.

한여름 밤의 소나기가 그친 느낌이었다. 그렇게 억수같이 내리던 비가 그치고, 젖은 땅 위에 맑은 햇살이 비치기 시작했다. 영롱한 햇살 사이로 맑은 해가 빼꼼히 고개를 내밀었다.

이젠 당당히 인정하기로 했다.

그래. 나는 '나쁜 여자'다. 남자에게 의존하지 않고 독립적이며, 우리 엄마들처럼 자신을 희생해가며 가족 뒷바라지 따윈 하지 않는 '독한 여자'다.

남자보단 나 자신의 성취와 행복이 그 무엇보다 중요한, 나는 나쁜 여자다.

전우애,
지금 가장 절실한 것

고마운 건 사람이다. 궂은일도 마다 않고 내 일처럼 나서주는 사람들이 있어, 그나마 지금까지 버틸 수 있었다. 그러고 보면 나는 인복이 참 많다. 40대 자수성가형 빌딩 부자인 이 사장님 역시 감히 '내 사람'이라고 말할 수 있는 사람 중 하나다.

"이 사장님. 이번에 좀 도와주시면 안 될까요? '웰스투어'라는 재테크 강연회를 하는데 이 사장님처럼 진짜 돈을 번 분을 모시고 싶어서요."

웰스투어(Wealth Tour)는 2년 전부터 실무를 맡아서 진행해 온 재테크 강연회다. 재테크 팀장인 내가 하는 일이란 강사를 섭

외하고 프로그램을 확정하는 것 등이다.

"아니. 이번엔 부산까지 내려가는 거예요?"

이 사장님은 한참 어린 내게 존댓말을 쓰신다.

"네. 지방에는 처음 내려가는 거라 강사 섭외에 특별히 신경을 쓰고 있어요. 이번에도 이 사장님께서 도와주시면 대박이 날 것 같아요."

"나야 뭐, 성 기자님이 하라면 해야지. 일정 확정되면 알려줘요. 진짜 성 기자님 얼굴 봐서 내려가는 거예요."

"정말 감사합니다."

250억 원대 자산가가 직접 대중 앞에 서는 건 정말이지 흔치 않은 일이다. 굳이 사람을 모아 돈을 버는 것도 아니고, 유명해질 필요도 없는 상황에선 더더욱 그렇다.

하지만 이 사장님은 '한 번만 나와 달라'는 나의 부탁을 기꺼이 들어주셨고, 덕분에 지난해 서울에서 진행된 웰스투어는 대성공을 거뒀다. 이에 한 번만 더 도와달라며 염치없는 부탁을 한 것이다.

그는 『빌딩부자들』에 등장하진 않지만, 맨땅에서 빌딩 부자의 반열에 오른 산증인이다. 서울 대림동 판자촌에서 찢어지게 가난한 어린 시절을 보내면서도, 과외 한 번 받지 않고 서강대에 입학했다. 졸업 후엔 국내 최대 규모의 회계법인에 들어가서 억대 연봉자 생활을 했다. 그런데 근로 소득은 높았지만 부동산 자산이 많은 건 아니었다.

사실 결정적으로 그가 자수성가형 빌딩 부자가 될 수 있었던 건 '결혼' 덕분이다. 돈 많은 와이프를 만나 팔자를 고쳤다는 얘기가 아니다. 15년 전 결혼 당시만 해도 그의 부인은 평범한 서울대생에 불과했다. 눈에 띄게 예쁜 것도 아니었고, 날씬한 것도 아니었다. 그녀 스스로 원래부터 날씬하지 않았기 때문에 비만 사업에 관심을 가지게 됐다고 말할 정도다.

그의 남다른 능력은 아무것도 완성되지 않는 서울대생을 선택해 다이어트센터 원장으로 만들었다는 점이다. 가끔 그는 무용담처럼 어려웠던 시절을 떠올리곤 한다.

"아휴. 그때 얼마나 고생을 했는데요. 이 사람이 박사 논문 쓰느라 연구실에서 밤새고 그러면 나도 옆에서 쪽잠을 자고 그랬어요."

"와, 정말요?"

"그럼요. 이 사람 혼자 힘으로 비만 사업이 그렇게 큰 줄 알아요? 내가 뒤에서 다 만들어준 거예요. 내가 다."

'내가 다'라고 힘줘 말할 때는 그야말로 무한 자신감이 뿜어져 나왔다. 겉으로 드러나진 않지만, 내가 1세대 다이어트센터를 만들었다는 자부심이랄까.

결국 이 둘의 결합은 부의 축적에 있어 환상적인 케미를 발휘했다. 그들의 다이어트센터는 국내 1세대 비만 사업으로 승승장구했고, 강남 압구정동에 첫 번째 빌딩을 살 종잣돈을 마련했다. 당시 현금 10억 원으로 산 빌딩은 15년이 지난 지금 150억 원에 달한다. 그 후 강남 대치동에 원룸 건물을 잇달아 구입하며 돈이 돈을 버는 단계를 거쳐, 지금의 250억 원대 자산가가 된 것이다.

불과 15년 만의 일이다. 둘이였기에 가능했고, 둘 중 어느 누구라도 혼자서는 불가능했을 일이다.

"우리 와이프 사업이 워낙 잘되다 보니까 결혼 10년 만에 애기를 가졌어요."

그는 늘 대화 속에 '우리 와이프'라는 말을 달고 산다. 부산 웰스투어 때도 아내, 아들과 함께 나타났다.

"성 기자님도 나 같은 사람 만나야 한다니까. 결혼은 자신의 진가를 알고 키워줄 수 있는 사람을 만나야 돼요."

나의 결혼은 그의 뜨거운 관심사다.

아마 이들 부부의 관계도 15년 전 그때만큼 뜨겁지는 않을 것이다. 하지만 이 사장님은 결코 가정을 버리지 않을 것이다.

왜냐하면 그들이 함께 이룩한 15년이란 세월은 그 무엇과도 바꿀 수 없기 때문이다.

누군가와 함께 무언가를 이뤄간다는 것. 나 혼자가 아니라 둘이 함께 만들어가는 것. 그 순간순간들이 인간으로 태어나서 만들 수 있는 최고의 행복이란 생각이 들었다.

'사람들이 이래서 결혼을 하는 거구나.'

그제야 나는 이성적인 머리로 결혼의 필요성을 이해할 수 있었다.

최근 남편을 잃은 페이스북 최고운영책임자 셰릴 샌드버그는 "최고의 파트너를 잃었다"며 애도했다. 무엇보다도 가장 사랑했던 사람이 아닌 '최고의 파트너'라는 표현이 뇌리에 박혔다.

돈이든, 명예든, 성공이든, 나와 함께 갈 수 있는 전우애.

그것이 지금 내게 가장 절실한 '무엇'이다.

돈은
불운과 함께 온다

∶
∶

한동안 나의 '투자 시계'도 멈춰 섰다. 만기가 돌아온 적금이 두 개나 됐지만 찾지 않았고, 강남 상가의 월세가 밀려도 독촉 전화를 하지 않았으며, 국내 주식은 물론 해외 주식 시황 모니터링도 뜸해졌다. 통장에 쌓인 돈을 보고도 의욕이 생기지 않았다. 설상가상으로 사내에서 지원했던 특파원도 보기 좋게 물을 먹었다.

늘 곁을 지키던 소중한 사람이 떠나갔고, 열정을 쏟았던 회사 일도 뜻대로 되지 않았다. 웬만해선 쉽게 흔들리지 않는 나였지만, 이번만큼은 다 내려놓고 싶었다.

'모든 것이 부질없고, 의미 없다.'

참으로 오랜만에 느끼는 무기력증이었다.

한동안 넋 놓고 산 탓에 '30대 싱글 여성 재테크 모임'이 바로 코앞에 다가온 줄도 잊고 있었다.

"이번 주 모임 확인차 문자드립니다."

섭외된 재테크 강사의 확인 문자를 받고서야, 이번 주 모임을 다시 떠올렸다. 우리 '30대 싱글 여성 재테크 모임'은 한 달에 한 번씩 재테크 특강을 듣고, 친목 도모도 하는 방식으로 운영되었다.

"네. 이번 주에 우리 모임 있는 거 맞습니다. 편하게 오세요."

공교롭게도 그날은 친한 친구의 결혼식이었다. 벚꽃이 흐드러지게 핀 봄날. 구름 한 점 없는 송도의 날씨는 맑디맑았다. 출산 예정일이 한 달 앞으로 다가온 다른 친구가 말했다.

"언니도 빨리 결혼해."

상춘객 인파 속에서 빠져나오는 길. 가수 나얼이 부른 「같은 시간 속의 너」를 반복해서 들었다.

이제 우리 같은 시간 속을 남처럼

그렇게 걸으면 돼

달아나도 가지 못할 기억 안고

흠. 달아나지 않는 기억을 안고, 남처럼 같은 시간 속을 사는 기분은……. 얼마나 고통스러울까? 그의 가사처럼 '거짓말처럼' 또 하루가 살아질까?

감상에 젖은 상념들을 곱씹으며 서울 모임 장소로 도착했다.

"안녕. 안녕~~."

애써 밝은 척을 했다.

"언니~~~. 오래만이에요. 오늘 왜 이렇게 예쁘게 차려 입었어요?"

"아~. 오늘 친구 결혼식!"

한 달 만에 보는 반가운 얼굴들이 특유의 여성스런 비명을 지르며 나를 반겨주었다.

"아까 결혼식 갔다가 다음 달 출산 예정인 친구를 봤는데 진짜 배가 남산만 해서 발사 직전이야. 발사 직전!"

"하하하하. 빵 터져요. 발사 직전."

한 달 만에 만난 우리는 폭풍 수다를 떨었다. 못다 한 서로의 일상 얘기로 시간 가는 줄 몰랐다. 이날따라 지금 나와 같은 고민, 감정을 나누는 친구들이 소중하게 느껴졌다. 군이 '힘들지?' 라고 묻지 않아도 서로 통하는 따뜻한 느낌이 있었다. 든든한 울타리가 되어주는 우리 모임 친구들이 있어, 나는 외롭지 않다.

이날의 재테크 특강 주제는 '소액 경매 투자'였다. 20대 초반부터 경매를 시작한 강사가 '7년 만에 어떻게 경제적 자유인이 되었는가'에 대해 다루었다.

자신의 20대를 통틀어 경매에 쏟아붓고, 마침내 경제적 자유를 성취한 젊은 친구의 특강을 듣다 보니 왠지 안쓰러운 마음이 들었다. 원래 남들보다 반 발짝만 앞서 가야 외롭지 않다. 남들보다 두세 발씩 먼저 가는 사람은 늘 외로울 수밖에 없다. 인생은 각자의 나이에 맞게 겪어야 할 고민이 있다. 되돌아보면 그 시절 그토록 치열했던 삶의 고민들이, 지금은 다 별게 아니라고 느껴진다.

그러고 보니 내 인생의 수레바퀴는 늘 내 의지와는 상관없이 정해진 길을 굴러왔다. 기자가 된 첫 직장을 우여곡절 끝에 나온 것도, 부동산 투자라는 새로운 길에 접어든 것도, 좌충우돌했던 새 직장에서 또 출입처 없이 재테크 팀장이 된 것도, 지금 내 인생에 소중했던 사람이 떠나간 것도, 이 모두가 태어날 때부터 정해진 운명이 아닐까.

그러니 누군가를 미워할 이유도, 원망할 필요도 없다. 나를 죽인 그들도, 그들의 칼을 맞은 나도, 결국 우리네 모두가, 인생의 긴 수레바퀴 속에서, 잘 짜인 각본대로 그렇게 흘러가는 것뿐이다.

"돈은 불행과 함께 온다."

빌딩 부자 이 사장님은 늘 말씀하셨다. 새 건물을 살 때마다 나쁜 일들이 먼저 생겼다고.

내 인생에 또다시 봄날이 올까? 이번만큼은 소중한 사람을 데려가셨으니, 일이 아닌 '소중한 사람'을 달라고, 하늘에 기도했다.

내 마음에 영원한 별이 되길

하마터면 이 책은 개인 소장용으로 간직될 뻔했다. 처음 원고를 읽어본 지인들의 강한 만류 때문이었다.

"재미는 있는데…… 너무 솔직한 거 아냐?"

"요즘 세상에 솔직한 게 항상 능사는 아니니까, 감출 건 감춰야지."

과도한 솔직함이 오히려 부메랑으로 돌아와 내 발목을 잡을 거라 걱정했다. 특히 싱글 여성의 남자 얘기나, 전 직장에서의 일들은, 과거가 아닌 현재를 살아가는 내게 악영향을 줄 거라 염려했다.

"성 기자가 아직 순진해서 잘 모르나 본데, 대중들은 절대 작가가 의도한 대로 받아들이지 않아."

충분히 그럴 만했다. 그들의 우려는 일리가 있었다.

나 또한 개인사를 개인사로 묻지 않고, 공개적으로 들춰내 '피해자 코스프레'하는 사람들을 좋아하지 않는다. 무엇보다도 지금은 다 잊고 잘 지내고 있는데, 굳이 왜 지난 일을 들추느냐는 지적에 크게 공감했다.

'그래. 어차피 다 지난 일인데, 앞으로가 더 중요하니까! 그냥 덮자!'

출판사 대표님께 출판을 보류한다는 의견을 전달했다. 대표님께서도 내 의도를 백번 이해한다고 했다. 그냥 이렇게 몇 년을 공들인 책이 사장되는 줄 알았다.

하지만 결정적으로 용기를 내 출판을 결심한 건 유명한 국내 뇌 과학자의 이 한마디 때문이었다.

"인간은 언어로 소통할 수 없습니다. 비슷한 경험을 했을 때 비로소 소통이 가능하죠."

그랬다. 언어의 한계를 집어내는 예리한 지적에 고개가 절로 숙여졌다.

독자와 진정한 소통을 하려면 내 얘기를 해야 했다. 아무리 말로 떠들어봤자, 언어는 흩어지는 공허한 메아리일 뿐이다.

268

집어넣었던 원고를 다시 꺼내 들었다. 그때의 초심을 떠올렸다. 묻고 싶었다. 지금 이 시대를 사는 또래 친구들에게.

'아프지 않냐고, 괜찮냐고.'

'나는 이렇게 힘이 든데, 도대체 당신들은 괜찮은 거냐고.'

무엇보다 그들과 소통하고 싶었다. 하지만 내가 먼저 솔직하게 내 경험을 털어놔야 했다. 참으로 부끄러운 개인사다. 잘난 것도 없고, 봐줄 것도 없이, 맨땅에 헤딩하며, 근근이 살아온 지난 9년이다.

그럼에도 이렇게 공개하는 이유는 지금 이 시대를 함께 살아가는 또래 친구들과의 '작은 소통'을 위해서다. 나이가 들면서 사라지는 또래 친구 탓에 가뜩이나 외로운 내 인생이 더 외롭다고 느꼈다. 혹시 나와 같은 친구가 있다면, 나와 비슷한 경험으로 버거운 하루하루를 버텨내는 이들이 있다면, 그들이 내 책을 읽고 조금이나마 덜 외롭다고 느낀다면, 숨기고 싶은 개인사를 공개할 만한 충분한 이유가 된다고 생각했다.

인간은 누구나 완벽하지 않다. 이 책에 등장하는 모든 인물도 마찬가지다. 내게 깊은 상처를 줬던 그들도, 오히려 나 때문에 더 큰 상처를 받았을지도 모를 일이다.

나 자신부터 완벽하지 않기에 누군가를 함부로 비판할 권리는 없다. 더군다나 이 책의 모든 내용들은 내 입장에서의 일방적인 주장일 뿐이다.

　얼마 전 10년 만에 다시 만난 첫사랑은 인간의 기억이 얼마나
이기적인지 일깨워줬다.

　"내가 너한테 차인 것도 그놈의 기자 준비 때문이잖아. 갑자기
언론사 시험 준비한다면서 너는 일방적으로 연락을 끊어버렸어.
그 뒤로 한동안 여자를 만날 수 없었지."

　믿기지 않았다. 나의 기억은 그와 정반대였다. 그는 나를 모질
게 찬 나쁜 남자였다. 우리는 오래된 기억의 파편들을 맞추려 애
썼지만 모두 헛수고였다.

　결국 인간은 스스로 간직하고 싶은 기억의 파편들만 간직한다.

　결혼, 출산, 승진.

　앞으로 갈 길이 더 많은 인생의 갈림길에 나는 서 있다. 어쩌
면 지금까지보다 더 스펙타클한 일들이 벌어질지 모른다. 윤동
주의 자서전처럼, 30대 어린 날의 고백들이 부끄러워질지도 모
른다.

　그래도 내겐 작지만 큰 바람이 있다. 부족한 내가 조금씩 인생
의 깊이를 더해갈 때마다, 나와 소통하던 친구들의 눈높이도 한
층 더 성숙해 있기를 말이다.

그때는 우리들의 키가 훌쩍 커버려,

어린 날의 우리를 웃음으로 회상할 수 있기를,

두 손 모아 간절히 빌어본다.

성선화 기자의 똑똑한 재테크 성공기

결혼보다 월세

초판 1쇄 인쇄 2015년 9월 18일
초판 1쇄 발행 2015년 9월 23일

지은이 성선화
펴낸이 김선식

경영총괄 김은영
마케팅총괄 최창규
책임편집 이호빈 **크로스 교정** 임보윤 **책임마케터** 이주화
콘텐츠개발4팀장 김선준 **콘텐츠개발4팀** 황정민, 변민아, 이호빈, 임보윤
마케팅본부 이주화, 정명찬, 이상혁, 최혜령, 박현미, 이소연
경영관리팀 송현주, 권송이, 윤이경, 임해랑
외부스태프 표지·본문디자인 북디자이너 경놈

펴낸곳 다산북스 **출판등록** 2005년 12월 23일 제313-2005-00277호
주소 경기도 파주시 회동길 37-14 3, 4층
전화 02-702-1724(기획편집) 02-6217-1726(마케팅) 02-704-1724(경영지원)
팩스 02-703-2219 **이메일** dasanbooks@dasanbooks.com
홈페이지 www.dasanbooks.com **블로그** blog.naver.com/dasan_books
종이 한솔피앤에스 **출력·제본** 갑우문화사 **후가공** 이지앤비 특허 제10-1081185호

ⓒ 2015, 성선화

ISBN 979-11-306-0617-0 (03320)

· 책값은 뒤표지에 있습니다.
· 파본은 구입하신 서점에서 교환해드립니다.
· 이 책은 저작권법에 의하여 보호를 받는 저작물이므로 무단 전재와 복제를 금합니다.
· 이 도서의 국립중앙도서관 출판시도서목록(CIP)은 서지정보유통지원시스템 홈페이지(http://seoji.nl.go.kr)와
  국가자료공동목록시스템(http://www.nl.go.kr/kolisnet)에서 이용하실 수 있습니다. (CIP제어번호 : CIP2015025079)

다산북스(DASANBOOKS)는 독자 여러분의 책에 관한 아이디어와 원고 투고를 기쁜 마음으로 기다리고 있습니다.
책 출간을 원하는 아이디어가 있으신 분은 이메일 dasanbooks@dasanbooks.com 또는 다산북스 홈페이지 '투고원고'란으로
간단한 개요와 취지, 연락처 등을 보내주세요. 머뭇거리지 말고 문을 두드리세요.